2024 年长沙学院优质课程建设项目《大学体育——武术》，项目号：042400049
2025 年长沙学院横向课题《高校民族传统体育文化资源数字化传承研究》，项目号：042500029

高校民族传统体育文化资源开发与数字化传承研究

刘程程　著

天　津

图书在版编目(CIP)数据

高校民族传统体育文化资源开发与数字化传承研究 / 刘程程著. -- 天津：南开大学出版社，2025.9.
ISBN 978-7-310-06758-9
Ⅰ.G852.9
中国国家版本馆 CIP 数据核字第 202539V30U 号

版权所有　侵权必究

高校民族传统体育文化资源开发与数字化传承研究
GAOXIAO MINZU CHUANTONG TIYU WENHUA
ZIYUAN KAIFA YU SHUZIHUA CHUANCHENG YANJIU

南开大学出版社出版发行
出版人：王　康
地址：天津市南开区卫津路 94 号　邮政编码：300071
营销部电话：(022)23508339　营销部传真：(022)23508542
https://nkup.nankai.edu.cn

天津创先河普业印刷有限公司印刷　全国各地新华书店经销
2025 年 9 月第 1 版　2025 年 9 月第 1 次印刷
260×185 毫米　16 开本　12.25 印张　280 千字
定价：48.00 元

如遇图书印装质量问题，请与本社营销部联系调换，电话：(022)23508339

内容简介

随着社会发展和科技进步,传统体育文化面临现代化转型的挑战,而数字化技术则为传统文化的保护、传播和传承开辟了新的道路。本书旨在探讨如何在新时代背景下,充分挖掘和开发高校民族传统体育文化资源,并结合数字化技术进行有效的传承与创新。不仅为高校民族传统体育文化资源的开发和数字化传承提供了理论支持,也为相关教育机构和文化工作者在新时代背景下推进文化传承工作提供了实践指南。本书是一本集理论性与实践性于一体的学术著作,适合从事民族传统体育文化研究、教育及数字化文化传承的学者、教育工作者等相关从业人员阅读参考。

前　言

在全球化与信息化的双重浪潮中，文化传承正面临着前所未有的机遇与挑战。在这一大背景下，民族传统体育文化作为各民族历史与文化的重要组成部分，其传承与弘扬关系到文化的延续、民族认同的塑造以及社会价值的再造。传统体育文化不仅仅是一种技艺的展示，更蕴含着丰富的哲学思想、道德规范和社会功能，是连接过去与未来、个体与集体的重要纽带。高校作为知识创新、文化传承与社会服务的重要平台，肩负着民族传统体育文化保护和传播的重大责任。因此，在当今信息技术日新月异的时代，如何将传统体育文化有效地转化为数字化资源，并在全球范围内实现其传播与传承，成为亟待解决的重要课题。

本书旨在探讨如何在高校环境下进行民族传统体育文化的数字化传承，深入分析该过程中面临的机遇、挑战及解决策略。随着数字技术的迅猛发展，尤其是虚拟现实（VR）、增强现实（AR）、大数据、人工智能等技术的逐步成熟，数字化已成为文化传承和教育的重要途径。在这一背景下，民族传统体育项目的数字化转型不仅是对文化遗产的保存，更是推动文化创新和教育模式变革的重要契机。通过数字平台，传统体育项目能够跨越时空的限制，进入全球教育和文化传播的视野。

本书共分六个主要章节，内容涵盖民族传统体育文化资源的概述与时代价值、资开发中的现实审视、数字化传承的契机与困境、理论基础的探索以及具体的目标策略等方面。通过对民族传统体育文化资源的全面分析，系统地梳理了高校在数字化传承过程中面临的核心问题及解决路径。不仅关注数字化手段本身，更深入讨论了如何在数字化过程中保持传统文化的核心内涵，避免文化的失真与简化，同时确保教育性与公益性的传递。特别是通过整合文化记忆理论、编码解码理论和信息空间理论，为数字化传承的实践提供了坚实的理论支持和创新的思路。

此外，本书还将高校在民族传统体育文化资源开发和数字化传承中的责任与使命放在更广阔的社会与文化背景中，探讨如何通过数字化平台增强民族传统体育文化的国际影响力，实现全球范围的文化互动与融合。在这一过程中，数字技术不仅仅是工具，更是文化创新与再创造的驱动力。希望本书能够为高校推动民族传统体育文化的数字化转型提供具有指导意义的理论框架和实践策略，为民族文化的传承、发扬光大贡献力量。

本书不仅为学术界提供了系统化的理论分析，还为教育工作者、文化管理者、政策制定者及技术开发者提供了具体的操作方案。我们期望，本书的研究成果能够在推动民族传统体育文化保护、创新与传承方面起到积极的作用，助力文化的多元传播与全球认同，为建设文化自信与文化强国贡献绵薄之力。

刘程程

2025 年 2 月

目 录

第一章　高校民族传统体育文化资源开发概述与时代价值 …………… 1
　　第一节　高校民族传统体育文化资源的总体概述 ………………… 1
　　第二节　高校民族传统体育文化资源的元素解构 ………………… 8
　　第三节　高校民族传统体育文化资源的时代价值 ………………… 16

第二章　高校民族传统体育文化资源开发的现实审视 ………………… 26
　　第一节　高校民族传统体育文化资源开发的现实挑战 …………… 26
　　第二节　高校民族传统体育文化资源开发的时代诉求 …………… 37
　　第三节　高校民族传统体育文化资源开发的困境归因 …………… 46

第三章　高校民族传统体育文化资源开发的基本内容 ………………… 57
　　第一节　高校民族传统体育文化资源开发的核心要素 …………… 57
　　第二节　高校民族传统体育文化资源开发的目标定位 …………… 66
　　第三节　高校民族传统体育文化资源开发的基本原则 …………… 76
　　第四节　高校民族传统体育文化资源开发的主要方法 …………… 86

第四章　高校民族传统体育文化资源数字化传承的契机与困境 ……… 96
　　第一节　高校民族传统体育文化资源数字化传承的时代契机 …… 96
　　第二节　高校民族传统体育文化资源数字化传承的阻碍原因 …… 106
　　第三节　高校民族传统体育文化资源数字化传承的风险分析 …… 115

第五章　高校民族传统体育文化资源数字化传承的理论基础…………124
　　第一节　文化记忆理论……………………………………………124
　　第二节　编码解码理论……………………………………………134
　　第三节　信息空间理论……………………………………………142

第六章　高校民族传统体育文化资源数字化传承的目标策略…………152
　　第一节　高校民族传统体育文化资源数字化传承的目标要求……152
　　第二节　高校民族传统体育文化资源数字化传承的风险规避……161
　　第三节　高校民族传统体育文化资源数字化传承的策略选择……170

参考文献……………………………………………………………183

第一章　高校民族传统体育文化资源开发概述与时代价值

在当今全球化与现代化迅速发展的背景下，民族传统体育文化作为民族文化的重要组成部分，承载着丰富的历史记忆与文化底蕴。尤其在高校这一特殊的文化传播平台上，民族传统体育文化不仅是传承和发扬民族精神的载体，更是塑造学术与文化认同的桥梁。随着社会对多元文化认知的不断深化，民族传统体育文化在高校中的资源与价值日益凸显，已不仅仅局限于体育竞技层面，而且在提升民族自信、推动社会融合、丰富校园文化及培养全方位素质的作用中展现出独特的重要性。

第一节　高校民族传统体育文化资源的总体概述

一、高校民族传统体育文化资源的内涵

（一）文化

从古至今，对"文化"这一概念的解释众说纷纭。我国最早关于"文化"的记载见于汉代刘向的《说苑·指武》，其中提到："凡武之兴，为不服也，文化不改，然后加诛。"在中国古代传统观念中，文化具有"以文教化"的核心意义。西方对于"文化"（culture）的定义也极为丰富。1952 年，美国著名人类学家阿尔弗雷德·克罗伯（Alfred Kroeber）和克莱德克·拉克洪（Clyde Kluckhohn）曾统计过有关文化的定义多达 164 种[①]。"文化"一词源自拉丁语，最初指的是宗教仪式、耕作活动、动植物栽培及精神修养。在西塞罗（Cicero）的《图库斯路姆论辩集》一书中，"文化"一词被用来比喻哲

---

① A. L. Kroeber, Clyde Kluckhohn. Culture-A Critical Review of Concepts and Definitions[M]. Alfred A. Knopf, Inc.and Random House, Inc, 1963.

学灵魂的修养，体现出人类自然发展的理想。此比喻至今仍被许多学者沿用，并演变为人类通过各种手段脱离原始状态，实现全面人性化的方式和过程。

在当代中国，文化的定义通常参照《辞海》的解释，分为狭义文化和广义文化。狭义文化指社会的意识形态及相应的制度和组织结构，是建立在一定物质生产方式基础上的精神财富。广义文化则指人类社会历史实践中创造的物质与精神财富的总和。无论东方西方，文化的定义虽多样，但都遵循以下几个基本要义：第一，文化是人类社会活动；第二，文化的作用是改变人类社会；第三，文化推动文明的进化。基于这些特征，我认为文化可以定义为人类社会作用于促进文明进化的一切事物和方法，并将这一概念作为本书论述的基础。

（二）民族传统文化

在上述文化定义的基础上，民族传统文化作为其中的一个重要现象，既包含自然社会的特性，又具备深厚的文化内涵。虽然"民族传统文化"这一概念没有统一的定义，但常常与"传统文化"一词交替使用。国外学者埃里克·埃里克森（Erik Erikson）在《俗民生活研究》中提到，"在各社会阶层中，往往能够发现大量被传承下来的，并至少在某种程度上经过同化和消化的文化，这就是传统文化。实际上，俗民文化就是活生生的传统文化"。在中国学术界，传统文化通常被解释为"通过思想、意识、价值观念、习俗和制度等形式，在某一文化群体内部代代相传的文化"[①]。这两种定义都强调了民族传统文化的传承特性。

与传统文化相比，民族传统文化更具民族性，指在特定群体中，尤其是在稳定的民族发展基础上形成的具有独特民族特色的文化。民族传统文化不仅具有稳定性、普遍性和延续性，更通过特有的形式和精神内涵展示各民族的独特性。正如张岱年所言："民族性、国度性是文化的重要属性之一。各民族、各国家在不同的自然和社会条件下，演绎出了各自不同的文化正剧。"[②]这些文化正剧正是民族传统文化的精髓，每个民族都以独特的方式展现其文化内涵。

民族传统文化的另一显著特征是文明性。在西方学术界，文化不仅指文化本身，也常与文明相联系。许多学者认为，"文明"代表的是较为发达、进步的文化形态。因此，我们应当认识到，传统文化并不仅仅是保守和传承，

[①] 陈国强. 简明文化人类学词典[M]. 杭州：浙江人民出版社，1990：195.
[②] 张岱年，方克立. 中华文化概论[M]. 北京：北京师范大学出版社，2004：6.

更多的是在变革和创新中汲取精华，并推动文化的进步和发展[①]。中华民族传统文化，正是在持续发展的过程中萃取精华并摒弃糟粕，展现其文明性和活力。

综上，民族传统文化可定义为各民族文明演化过程中汇聚而成的、反映民族特质与风貌的文化，是民族历史上思想文化与观念形态的总和。而中华民族传统文化则是中华民族创造并传承下来的、具有鲜明民族特色的优秀文化成果。

（三）民族传统体育文化

民族传统体育文化是民族传统文化的一个子集，基于民族文化的内涵，展现其体育教育和社会文化活动的特点。民族传统体育文化不仅具备文化的传承性、民族性和文明性，也蕴含体育文化的本质特征。根据《现代汉语词典》，体育指的是以发展体力、增强体质为主要任务的教育，通过参与各种运动来实现。最早的体育概念可追溯至1904年《湖北幼稚园开办章程》和1905年《湖南蒙养院教课说略》，当时体育仅限于身体锻炼。今天，体育已不再仅仅指身体发展，它的任务已扩展为促进身心全面发展的教育活动，培养终身体育能力。

民族传统体育文化具有几个关键特点。首先，民族传统体育文化并不仅仅是指某一民族的传统体育，而是指全球范围内，各民族特有的传统体育文化总和，例如中国的武术、韩国的跆拳道、日本的相扑、印度的瑜伽等。其次，民族传统体育文化不仅仅表现为物质层面，如体育项目、场地、规则等，还蕴含着深刻的民族精神，例如中华武术的"天人合一"、跆拳道的"礼仪廉耻"等精神内涵。最后，民族传统体育文化是由各民族在长期历史发展中自发创造的，具有鲜明的民族特色，区别于其他民族的体育文化。

结合前述对文化和民族传统文化的定义，"民族传统体育文化"可以被界定为各民族通过身体教育活动和社会文化活动，推动人类体育进化的一切事物和方法，是全世界各民族在漫长的发展过程中创造出来的所有体育文化。中华民族传统体育文化便是以中华民族体育文化为基础，中华儿女共同创造的所有体育文明。

（四）高校民族传统体育文化

高校民族传统体育文化是指在高校环境中进行的民族传统体育教育。

---

① 巴格比著；夏克译. 文化：历史的投影[M]. 上海：上海人民出版社，1987：89.

虽然这一概念仅比"民族传统体育文化"多了"高校"一词,但内涵却有所不同。民族传统文化属于民族学领域,而高校体育研究则属于教育学领域,因此两者属于平行学科。本书将从文化学的角度对这两者进行结合与分析。高校的核心活动是教育,即通过系统的教学传授生产和生活经验。高校民族传统体育教育则是在一定的场合和有计划的情况下,传授民族传统体育文化,全面培养学生的身体和文化素养。因此,本书的"高校民族传统体育文化"可定义为普通学校通过中华民族创造的传统体育文化,作用于身体教育活动和社会文化活动,全面培养学生身心素质和社会适应能力的所有事物和方法。

(五)高校民族传统体育文化资源

根据以上论述可以看到,高校民族传统体育文化资源,指的是在高校环境中,能够用于传承、弘扬和创新民族传统体育文化的一切资源。这些资源包括但不限于物质资源、文化背景、教育体系及社会互动等,它们为高校提供了开展民族传统体育文化教育和活动的条件和基础。这些资源为高校民族传统体育文化的传承、创新和发展提供了充分的保障。在高校中,民族传统体育文化资源的有效利用,能够为学生提供一个全面发展的平台,促进学生身心健康和文化认同,并推动民族传统体育文化的传承与发展。通过整合和利用这些资源,高校能够在传承民族传统体育文化的同时,为社会培养更多具有文化自信和民族认同的优秀人才。

二、高校民族传统体育文化资源的审美倾向与价值蕴涵

(一)审美倾向定型差异文化

文化的定型来源于长期的文化积淀和民族心理抉择,而审美习惯则是文化定型的方向。在民族传统体育中,审美倾向不仅表现为项目选择的偏好,还深刻地影响体育项目的形式与表达方式。审美习惯逐渐发展成独特的文化形态,并通过一代代的传承与变迁,形成特定区域和民族的独特审美标准与表现方式。这种审美倾向的差异性,不仅体现在体育文化项目的技艺上,还体现为背后的文化思想、社会背景和生活方式的不同。

以舞狮为例,南北方地区尽管有着相同的传统体育项目——舞狮,但其表现形式大相径庭。南北方狮子的形态、技巧甚至动作,均有显著差异。南方的狮子通常形态小巧可爱,动作灵活,特别是水狮表演极富亲水性,体现了南方人生活中对水的依赖与亲近。南狮的表演更多注重表现"意",强调

舞狮中的艺术表现力和细腻的技巧。舞狮的动作如旋转、跳跃等，展现了南方文化的灵动与细腻，同时也传递了南方人民柔和的审美倾向。

与之形成鲜明对比的是北方的舞狮，它注重力量和威猛的表现。北方狮子形态更为雄壮，动作多为愕、怕、喜、爬、蹲、退、滚等，这些动作展示出北方文化的豪爽和粗犷。北狮的表演不仅是一项技艺展示，而且传递出北方人追求直率、强大和勇猛的精神。北方的审美倾向更多侧重于"技"，舞狮的技巧、力量和动作的刚性展示了北方人生活中不拘一格、豪迈奔放的个性。

"南狮重意，北狮重技"正是南北方对舞狮这一传统体育项目审美倾向的缩影。这种审美差异不仅反映了各地区在体育项目选择上的偏好，也体现出不同地域和文化背景下民族审美的差异。这种审美差异源于不同文化和生活方式的积淀，随着时间的推移，逐渐演变成深深植根于民族心理中的文化定型。

谈到审美倾向，必然离不开风俗习惯的讨论。长期稳定的审美倾向形成定型的文化内涵，外显于行为和习惯中，进而成为风俗习惯的一部分。风俗习惯是文化的一部分，它通过人们的日常生活得以体现，并在代际传承中逐渐固化和规范化。学校民族传统体育在实践中，不能完全照搬传统的风俗习惯，而是应当注重挖掘其中的文明因素和教育性，以便更好地适应现代教育的需求。

高校民族传统体育文化应具备两个基本条件，才能真正发挥其教育功能。首先，高校民族传统体育文化必须是文明习俗。活动本身应当符合社会文明的基本标准，促进学生文化素质的提升。良好的民族风俗和习惯可以增强学生的民族自信心和自豪感，帮助学生形成健康的心理状态和积极向上的人生观。习俗文化的传承不仅仅是保留传统，还应当有利于社会的进步和文化的传播。而一些与迷信行为相关的风俗，往往没有实际的教育意义，甚至可能误导学生的价值观，阻碍社会的进步，因此不能成为学校民族传统体育的内容。

其次，高校民族传统体育文化还需要符合学生的心理发展需求和审美倾向。每个时代的学生都有其特定的心理需求和审美偏好，学校在引入民族传统体育项目时，应当考虑到学生的心理特征，满足他们的认知需求与审美标准。例如，一些传统体育项目与婚庆、丧葬等风俗相关，虽然这些项目包含丰富的文化内涵和历史价值，但由于它们与学生的年龄、身份和现实生活较为疏远，因此不应纳入学校的民族传统体育教学之中。教育的内容应该以学生为中心，适应其成长需要和心理发展的阶段性，确保教育活动能够激发学生的兴趣、培养他们的能力，并有助于他们健康人格的塑造。

综上所述，审美倾向在学校民族传统体育中的作用，远超单纯的技艺表现。它不仅反映了地区和民族在体育项目中的差异性，更在于这些差异背后所隐藏的文化理念和生活态度。学校在传承和发展民族传统体育时，应当尊重和保留这些独特的审美倾向，但更应当通过选择符合现代教育需求的文明习俗，去其糟粕，取其精华，让传统体育文化能够在新时代的背景下焕发出新的活力。

（二）价值观念塑造和谐文化

不论是哪种学校教育，其本质目标始终是一致的，那就是培养全面发展的人。其中，学校体育教育不仅仅是身体素质的提升，更承载着文化思想和价值观念的传递。学校体育教学的核心目标在于通过全面培养学生的身心素质，帮助他们在德、智、体等方面平衡发展。而这一过程的关键，便是通过文化价值的熏陶，影响学生的思想和价值观，从而实现教育的根本目标。

现代文明告诉我们，真正的人类发展应当达到人与自然的和谐。人类在追求自我发展的过程中，必须与自然界保持平衡，只有这种和谐的状态才能促进个人与社会的共同进步。那么，如何实现这种和谐呢？民族传统体育，特别是中华民族的传统体育文化，便为我们提供了一个宝贵的平台。传统体育所倡导的"天人合一"的思想，恰恰是对和谐文化的生动诠释。这一思想源远流长，体现了中华民族对于人与自然、人与人之间关系的深刻理解。通过参与体育活动，学生不仅能够得到身体的锻炼，更能感悟到这一和谐理念在生活中的体现。

首先，中华民族的传统体育起源于生活和劳作，它不仅仅是对身体的锻炼，更是一种与自然和谐相处的方式。许多民族传统体育项目都有着自娱自乐的性质，强调团结、协作和集体精神。在这些体育活动中，人与人之间的互动十分和谐，大家通过共同参与，分享快乐和成就感，建立起深厚的情感纽带。更重要的是，有的传统体育项目强调"天人合一"的理念，使得参与者在锻炼身体的同时，也在心灵上与自然和周围的人建立起和谐的关系。例如，许多民族传统体育活动往往与自然环境密切相关，如一些舞蹈和武术表演，往往融入模仿自然界动植物的元素，这不仅展现了人与自然的互动，还体现了中国古代哲学对自然规律的尊重和理解。

在学校体育教学中，民族传统体育项目大多是体现着"天人合一"理念的活动形式。通过这种形式，学生能充分享受运动带来的快乐，也能在无形中加强与同伴的情感交流，培养团结合作的精神。例如，传统的集体项目如舞龙舞狮、拔河等，都在强调个体表现的同时，注重团队之间的协调与合作，展现了中国传统文化中的和谐思想。在这种互动中，学生不仅仅是为竞技而动，更享受其中的团队协作与人际和谐，进而形成更加健康的心理状态和积极的生活态度。

其次，民族传统文化作为中华优秀传统文化的重要组成部分，历来受到各族人民的喜爱和尊崇。参与传统体育活动，学生在享受身体锻炼和竞技乐趣的同时，也在潜移默化中感受到中华文化的深厚底蕴。民族传统体育不仅仅是技巧和力量的较量，更是文化认同和民族精神的体现。通过这些体育活动，学生能够自然而然产生对中华民族文化的认同和归属感，这种认同感不是通过强迫或刻意灌输获得的，而是通过体育活动中潜藏的文化熏陶和思想传递自然而然形成的。

传统体育文化所传递的文化价值和精神，能够激发学生更强的社会责任感和民族自豪感。在参与传统体育活动时，学生会更加深刻地认识到自己是中华民族的一员，进而形成对国家、对民族、对社会的责任感和使命感。这种认同感与归属感不仅有助于学生形成更加健康的个人心态，也有助于促进民族团结精神的培养。通过团结协作，大家共同实现目标，在每一次活动中都增强了对彼此的信任和对集体的认同。

最后，传统体育项目还为学生提供了一个反思和自我提升的机会。通过参与这些项目，学生不仅能够强健自己的体魄，还能在运动中获得心理上的愉悦和平衡。体育活动为学生提供了一个健康的心理平台，让他们能够放松身心，释放压力，从而在精神上更加积极向上，具备更强的抗压能力和应对挑战的勇气。这种积极的心理定势，是学生个人成长的有力保障，也是塑造社会和谐、促进民族团结的重要基础。

综上所述，学校民族传统体育不仅仅是锻炼身体的工具，更是塑造价值观念的载体。它通过传承和弘扬中华民族的文化精髓，帮助学生形成正确的世界观、人生观和价值观，培养他们成为具有高度社会责任感、民族自豪感和团结协作精神的现代公民。民族传统体育所倡导的"天人合一"思想，为学生提供了理解和实践和谐社会的桥梁，而这一理念的深刻影响，将在每一个学生的心中生根发芽，进而促进个人与社会的和谐发展。

第二节 高校民族传统体育文化资源的元素解构

一、物质资源

物质资源是高校民族传统体育文化资源的基础之一，它为学校开展各类民族传统体育教育活动提供了直接支持和保障。这些资源包括体育设施、体育器材以及教学资源，它们为学生提供了一个安全、有效的学习与锻炼平台，同时也为教师提供了所需的教学工具和材料。合理的物质资源配置能使民族传统体育项目的教学和实践活动更加顺利地进行，也能增强学生对民族传统体育的兴趣与参与度。

（一）体育设施

体育设施是进行民族传统体育教育的核心基础，尤其对于需要专门场地进行教学的项目而言，合适的体育设施不仅保证了安全性，也提升了教学质量。传统体育项目，如武术、跆拳道、柔道、摔跤等，往往需要较为专业的场地来满足教学和训练的需求。

例如，武术馆是专门为武术教学与训练设计的场地。它通常配备有适宜的地板、镜子、灯光以及武术教学所需的各种设备，如武器架、练习器材等。一个完善的武术馆可以让学生在合适的环境中进行基础训练、套路演练和实战对抗，进一步激发他们对武术的兴趣并增强其技能。

跆拳道馆也是重要的体育设施之一。跆拳道课程不仅要求学员进行踢击训练，还需要一块标准的跆拳道训练场地。其地面通常使用软质材料，以减少练习时的伤害。跆拳道馆还应配备拳靶、护具等安全装备，以保证学生在高强度训练中的安全。

一些集体项目，如舞龙舞狮、民族武术操等，学校也应当提供合适的空间，以确保活动的流畅性和参与度。合理布局的体育设施不仅提高了教学效率，也为学校举办民族传统体育文化活动提供必要的物理支持。

（二）体育器材

除了体育设施外，适用的体育器材也是开展民族传统体育项目不可或缺的资源。体育器材包括所有用于训练和比赛的工具、设备以及运动员所需的服装。不同的民族传统体育项目对器材的要求各不相同，但其共同特点是具备文化和功能双重作用。

例如，武术训练通常需要各种器械，如武术剑、棍、刀等，这些器械不仅具有实用性，还深刻体现了中华文化的内涵。武术剑的使用不仅要求学员掌握技术动作，还要体会剑法背后的文化哲学，提升学生的文化修养。同时，武术服装（如道服）也是重要的器材之一，合适的服装能够增强学生的训练体验，使其更加专注于学习传统的技术和文化。

在跆拳道中，学生需要穿道服，不同阶段的训练还要求配备不同种类的护具，如头盔、护胸、护手、护脚等，这些器材的使用能有效减少训练和比赛中的伤害，确保学生在安全的环境中进行技术提升。其他项目如柔道、摔跤等也有各自专用的器材，如柔道垫、摔跤鞋等，这些器材不仅提升了训练的效率，还保证了运动员的安全。

（三）教学资源

教学资源是实现民族传统体育教育目标的重要支持。教材、教学视频以及案例材料等，都是帮助教师进行有效教学的重要工具。传统体育项目的教学不仅仅是传授技艺，还包括对文化背景、历史渊源和哲学理念的深度剖析。这就要求教材和教学资源能够涵盖更多的内容，并具有深度和系统性。

教材是教学过程中最基础的资源。学校可以根据课程设置和教学需求，编写和使用针对不同民族传统体育项目的专用教材。例如，武术教材不仅应包含基本的动作和套路，还应介绍武术的历史、流派、文化意义等内容，帮助学生从多角度理解这一传统体育项目。教学大纲和课本的配合使用，能够帮助学生更清晰地理解课程目标、学习内容以及教学要求。

此外，教学视频和案例材料对于民族传统体育项目的教学同样至关重要。通过教学视频，教师可以向学生展示标准的动作、技巧和表演，帮助学生更直观地理解技巧要点。视频资料通常还能展示不同地区和不同流派的传统体育风貌，拓宽学生的视野。通过实际案例分析，学生能够了解传统体育项目在不同历史时期和文化背景下的变迁与发展。这不仅是技能的传授，更是文化的传播。

在课程的补充材料方面，学校可以收集传统体育项目的书籍、文章、访谈以及历史记载等资料，使学生在参与实践的同时，能够深入理解背后的文化价值。通过这些教学资源的辅助，学生不仅能掌握体育技能，还能在精神层面与传统文化进行深刻对话，增强对民族传统体育的认同感与自豪感。

综上所述，物质资源的合理配置对于高校开展民族传统体育项目至关重要。通过完善体育设施、提供适当的体育器材以及开发丰富的教学资源，学校可以为学生提供一个全方位的民族传统体育教育平台，推动学生全面发展，同时促进民族传统体育文化的传承与创新。

二、文化资源

文化资源是高校民族传统体育教育的核心要素之一。它不仅为学生提供了技艺传授的基础，更通过对文化内涵、历史背景、哲学思想和道德规范的传递，使学生在体育锻炼中领略民族精神，增强文化认同感，提升思想境界。文化资源的丰富性和深度直接影响民族传统体育项目在高校的传承与创新，决定了能否有效促进学生身心健康和文化自觉的双重培养。

（一）民族精神与文化内涵

民族精神与文化内涵是每个民族传统体育项目背后的核心思想和文化支撑。中华民族的传统体育项目，如武术、跆拳道、摔跤等，不仅仅是技艺的展示，更是深深根植于民族文化中的思想和精神的体现。

例如，中华武术所倡导的"天人合一"理念，体现了人类与自然、人与人之间的和谐关系。这一理念源于中国古代哲学，强调人应当与自然和宇宙保持一种和谐统一的关系。在武术训练中，学员不仅要掌握技巧，还需要修炼心境，将武术的动作与自然规律结合，从而达到内外合一、身心平衡的境界。这一理念的贯彻使得武术不仅仅是一项体育运动，更是一种修身养性的生活方式。

同样，民族传统体育项目中的"礼仪廉耻"等道德规范，深刻影响着学员的行为举止。在跆拳道的教学中，学员不仅要学习如何完成技术动作，更重要的是要学习"礼""仪""廉""耻"等传统美德。这些美德成为跆拳道文化的重要组成部分，使体育锻炼不再局限于身体素质的提升，更是向内涵深刻的文化素养延伸，成为培养学生品格与情操的有效途径。

在学校体育教育中，结合民族传统体育项目的文化理念进行教学，不仅能够增强学生的技术能力，还能在学生心中种下民族精神和道德规范的种子，激发他们的集体主义情感和社会责任感。

（二）历史背景与文化遗产

每个民族的传统体育项目，都有着独特的历史背景和文化遗产，反映了该民族的社会结构、生活方式、精神追求以及文化传承。通过民族传统体育的教学，学生可以更深入地了解和感受这些文化遗产所承载的历史信息与文化价值。

例如，中华武术源远流长，起源于中国古代的军事训练，并逐渐演化为一种文化体育活动。武术不仅仅是自卫的手段，它在中国历史上曾经是士人阶层修身养性的工具，融入了中国传统的哲学思想、宇宙观和社会观。武术的每个动作都蕴含着深厚的历史文化，例如，太极拳的"动静结合、刚柔并济"便与中国传统的阴阳五行学说密切相关。这些历史背景和文化背景不仅仅是武术的外在表现，也是中华文化智慧的体现。

此外，民族传统体育项目的历史背景也能反映该民族的社会变迁与文化特色。例如，古代的摔跤不仅仅是一项体育竞技活动，在某些民族中曾经是部落间决斗的一种形式，具有一定的宗教和仪式性质。随着历史的发展，这些项目逐渐转化为现代体育项目，但其背后的历史文化价值仍然存在。

通过了解这些民族传统体育项目的历史背景与文化遗产，学生能够深刻体会到每一种体育项目的独特性和意义，从而增加他们对传统文化的认知和尊重。同时，这也帮助学生形成文化自信，激发他们保护和传承民族文化遗产的责任感。

（三）文化活动与校园文化

民族传统体育文化资源不仅仅体现在日常的教学和训练中，它还通过丰富的文化活动和校园文化展现出来，成为学校文化的一部分。这些活动能吸引学生广泛参与，增强校园文化的多样性与活力。

例如，传统体育赛事和文化节是高校民族传统体育文化的重要组成部分。许多高校会定期举办民族传统体育比赛，如武术比赛、跆拳道锦标赛、民间舞狮比赛等。这些赛事不仅是对学生体育技能的检验，更是对民族文化的一次盛大展示。通过比赛，学生不仅能够展示自己的技艺，还能更深入地理解民族体育文化的精髓，增强自身对传统文化的认同感。

此外，文化节也是一种非常有效的民族传统体育文化展示形式。高校中的传统文化节通常会包含民族体育项目的展示、民间艺术的表演等环节。通过这些活动，学生能够在轻松愉快的氛围中更好地了解民族传统体育文化，同时也为学生提供了一个展示自我、表达文化认同的平台。校园文化活动将传统体育项目与校园文化紧密结合，增强了学校的文化氛围，也促进了学生之间的互动和交流。

在这些文化活动中，民族传统体育项目不仅仅是体育竞技的展示，更是学校文化的重要体现。它通过丰富多彩的形式，使学生在参与中体验文化、感受历史，使学校提升文化品位，展现文化特色。

文化资源是高校民族传统体育文化的灵魂。通过对民族精神与文化内涵的传递、对历史背景和文化遗产的继承以及文化活动和校园文化的展现，学校能够为学生提供一个全面的文化教育平台。民族传统体育项目不仅是锻炼身体的有效方式，更是传统文化的优良载体，帮助学生在学习技能的同时，感知和传承民族文化的深厚底蕴，促进学生的全面发展，增强民族认同感和文化自信。

三、教育资源

教育资源是实现民族传统体育文化教育目标的关键要素之一。传统体育的课程体系、师资力量和学生的身心发展相辅相成，共同推动着学生在民族传统体育教育中的全面成长和文化认同的提升。教育资源不仅仅涉及课程的设置和教师的教学能力，还包括学生通过传统体育项目所获得的文化熏陶与身心素质的全面提升。通过合理配置和使用教育资源，可以为学生提供充实的、多元的民族传统体育教育体验。

（一）课程体系建设

传统体育课程的设计与实施是民族传统体育文化教育的核心所在。课程体系的系统化可以确保民族传统体育项目在教学中的深度与广度，同时帮助学生在了解传统体育技艺与文化内涵的过程中，全面提升身心素质和文化修养。

首先，课程体系的设计需要结合传统体育的特点和学生的学习需求。传统体育课程不仅仅是为了传授体育技巧，更应包括对民族文化的学习和对传统精神的理解。比如，武术课程可以分为基础训练、套路演练、实战技巧等内容，与此同时，教学内容还应包含对武术起源、流派、哲学思想（如"天人合一"）的讲解。通过将技艺与哲学结合，学生不仅能掌握运动技能，还能更深刻地理解和感受民族传统体育项目背后的文化价值。

其次，课程体系的建设要注重多样性和实践性。在高校中，除了设置基础的传统体育课程外，还可以根据不同学生的兴趣和需求开设特色课程，如舞狮、民族武术操等，充分展现民族传统体育的多元性和丰富性。课堂教学应当与实践活动紧密结合，定期组织传统体育比赛、文化节等活动，让学生在实际操作中增强对课程内容的理解与感悟。

此外，课程的评估方式也应当多元化。除了技术性评分外，还可以设置文化认知、团队合作等方面的评估，全面考察学生在课程学习中各方面能力的成长与提升，以帮助他们全面发展。

（二）师资力量

民族传统体育文化教育的成功与否，很大程度上取决于师资力量的建设。教师不仅需要具备扎实的专业技能，还应当深入了解民族传统体育文化的背景和价值，以便更好地将文化与技能相结合，进行系统化的教学。

首先，教师的专业水平至关重要。民族传统体育项目，如武术、跆拳道等，对教师的技能要求极高。教师必须具备精湛的技艺，才能在教学中为学生提供准确的示范，并帮助他们掌握正确的训练方法。同时，教师还需要具备良好的文化素养，理解传统体育项目背后的哲学思想、历史文化及精神内涵，并能通过课堂讲解和示范，激发学生对传统文化的兴趣和认同。

其次，教学方法的创新与适应性也是教师教学质量的重要体现。传统体育课程的教学应当结合现代教育理念，运用多种教学方法，如互动式教学、情景模拟、团队合作等，增强课堂的趣味性和参与感。同时，教师还应根据学生的不同特点进行个性化教学，帮助每个学生在掌握技能的同时，提升文化认知和自我发展能力。

为了提升教师的教学能力，学校应定期组织教师培训，邀请传统体育专家或文化学者进行学术交流，帮助教师提升专业水平，并为他们提供更好的教学资源和平台。通过持续的教育和培训，教师的整体水平将不断提升，从而为学生提供更高质量的民族传统体育文化教育。

（三）学生的身心发展

在高校开展传统体育项目，不仅应关注学生的体育技能提升，更应注重学生身心的全面发展。通过民族传统体育项目的学习，学生不仅能够锻炼体魄，增强体质，还能够培养团队精神、增强文化认同感，进而在情感、心理和社会性方面得到全面发展。

首先，传统体育项目有助于学生体能和体质的提升。许多传统体育项目，尤其是如武术、跆拳道等运动，强调强身健体和塑造体魄。在训练过程中，学生需要进行有氧与无氧结合的身体锻炼，增强柔韧性、力量、耐力等身体素质，从而有效提升其身体健康水平。此外，传统体育项目还能改善学生的协调性和反应能力，有助于学生在其他体育活动中有更好的表现。

其次，传统体育项目能培养学生的团队精神和集体意识。许多传统体育活动,如民族舞蹈、拔河等项目,强调团队合作和集体参与。在这些活动中,学生需要与同伴紧密配合,达成共同目标,培养团队协作的能力。这种团队合作精神对学生未来进入社会工作、适应团队生活等具有重要意义。

最后,民族传统体育项目还对学生的文化认同感和社会责任感有重要的促进作用。通过参与民族传统体育活动,学生可以更加深入地了解和体验本民族的文化和精神,从而增强对本民族传统的认同与自豪感。同时,学生也在活动中通过体验传统文化的价值,逐渐培养出对社会、对国家的责任感,成为有责任心和担当精神的公民。

教育资源的配置和利用,是民族传统体育文化教育能否成功的关键因素之一。通过合理设计课程体系、加强师资力量建设和促进学生身心全面发展,民族传统体育文化教育能够更好地实现目标,不仅帮助学生掌握体育技能,还通过文化的传承和精神的熏陶,塑造学生的世界观、人生观和价值观,最终成为全面发展的新时代公民。

四、社会资源

社会资源在高校民族传统体育文化教育中扮演着至关重要的角色。通过与社会各界的合作与互动,高校能够拓宽资源的来源,提升传统体育文化的传播力和影响力。社会资源的有效整合不仅能够促进学生更好地理解和体验民族传统体育文化,还能推动文化的传承与创新,实现高校与社会之间的互动共赢。社会资源的利用,使得民族传统体育文化教育在理论与实践之间形成了良好的循环,有助于推动文化的多元化发展和深化。

(一)高校与社会合作

高校与社会合作是民族传统体育文化资源拓展和深化的重要途径。地方文化机构和民族地区政府等社会组织在促进民族传统体育文化的传播与发展中,具有不可或缺的作用。高校与这些机构合作,不仅能提升民族传统体育项目的教学质量,还能为学生提供更加丰富的实践机会。

首先,地方文化机构的参与可以为高校民族传统体育文化教育提供更多的支持与资源。例如,地方的非遗保护机构、文化交流中心等可以与高校联合开展传统体育文化的讲座、展览、比赛等活动。通过类似合作,学生不仅能了解更多地方性的传统体育项目,还能接触到各地独特的体育文化背景和技术特点。这种文化交流与资源共享,不仅能提升学生的学习兴趣,还能为他们提供更广阔的文化视野。

其次，地区政府的支持对于推动传统体育文化在高校中的发展至关重要。通过政府部门的资助和引导，高校可以举办更多与民族传统体育相关的文化活动和赛事，为学生提供更多参与的机会。同时，政府与高校的合作还可以加强民族传统体育文化的地方特色和区域性，使学生在学习过程中更好地理解民族文化的根基和未来发展方向。民族地区的政策支持，能帮助高校更加有力地推动民族传统体育项目的传承和创新。

通过高校与社会的深度合作，民族传统体育文化不仅能在校园内得到全面展示，也能在更广泛的社会范围内推广，为社会文化的多样性和创新性注入新的活力。

（二）社会实践与外部支持

社会实践和外部支持是学生参与民族传统体育文化的重要途径，也是推动文化传播与创新的有效途径。通过社会赛事、文化节等实践平台，学生能将课堂上所学的传统体育知识与实践相结合，亲身体验传统体育项目的魅力，同时也能深入理解民族文化的价值，增强对传统文化的认同感。

社会赛事是民族传统体育文化传播的重要途径之一。高校可以组织学生参加地区性、全国性乃至国际性的传统体育赛事，在比赛中展示自身技能和对传统文化的理解。例如，武术、跆拳道、舞龙舞狮等传统体育项目，经常作为大型文化活动中的重要组成部分，通过赛事形式展示其独特的魅力。参与这些赛事的学生不仅能增强自己的竞技水平，还能在与其他参赛者的交流与碰撞中，深化对民族传统体育文化的认识和理解。赛事作为实践平台，不仅能提高学生的体育技能，还能让他们在更广阔的舞台上展现自我，推动民族传统体育文化的传播。

文化节也是促进民族传统体育文化传播和创新的有效平台。在文化节上，传统体育项目不仅是单纯的竞技表现，更是文化的载体。高校可以通过举办武术展示、民族舞蹈表演、传统体育项目讲座等活动，向学生及社会大众展示民族传统体育的精神与精髓。文化节上，学生通过参与组织、表演和展示等形式，既加深了对民族传统体育文化的了解，也提升了自己的文化素养与综合能力。通过这种形式，民族传统体育文化得以向更广泛的受众传播，同时也为传统体育项目的创新提供了舞台。

外部支持对于民族传统体育文化的创新同样至关重要。通过与社会文化组织、非政府组织、文化传播平台等的合作，学校能够获得更多的资源与支持，推动传统体育项目的现代化与创新。外部支持不仅能为学校提供更多的资金、设施和技术支持，还能帮助高校建立与国内外文化团体和体育组织的联系，推动民族传统体育项目的国际化发展。在这个过程中，学校不仅要保留传统体育文化的核心内容，还要结合现代社会的需求进行创新，以便更好地适应当今社会的发展趋势。

通过社会实践和外部支持的共同作用，学生能在民族传统体育项目中获得更全面的发展，并将这些文化精髓带入社会和更广泛的文化交流中，为民族传统体育的传承与创新贡献力量。

社会资源是推动高校民族传统体育文化教育发展的重要力量。通过高校与社会文化机构和地区政府的合作，民族传统体育项目能够获得更多的支持与资源，促进其在高校中的传承和创新。同时，社会实践平台和外部支持能为学生提供丰富的实践机会，让他们在赛事、文化节等活动中深化对民族传统体育文化的理解，推动民族传统体育文化在现代社会中的传播与发展。通过整合社会资源，高校能更好地实现民族传统体育文化的教育目标，不仅培养学生的体育技能，还增强他们的文化认同感和社会责任感，为传统文化的未来发展打下坚实的基础。

第三节 高校民族传统体育文化资源的时代价值

一、对民族文化传承的价值

民族传统体育文化不仅是一个民族的历史遗产，也是民族精神和文化自信的重要承载体。传统体育项目的传承和创新，可以推动民族文化的保存与发扬光大。在现代社会，尤其是在全球化的背景下，传统体育文化作为民族文化的重要组成部分，承载着民族的历史、精神和价值观，促进了民族自信的建立和文化认同感的提升。高校在推动民族传统体育文化教育的过程中，不仅要重视技能的传授，更应该对民族文化和价值观进行深刻诠释，以培养学生的文化自觉和文化创新能力。

（一）承载民族精神，构建文化自信

传统体育项目是民族文化的重要组成部分，它们不仅仅是竞技活动，更承载着丰富的民族精神、历史传承和文化内涵。例如，中华武术、跆拳道、摔跤等传统体育项目，背后都蕴含着深刻的文化理念和民族智慧。中华武术所倡导的"天人合一"的思想，体现了人类与自然和谐相处的哲学理念。这不仅是一项体育技能的内核，更是中华民族尊重自然、追求平衡与和谐的文化精神。

通过参与传统体育项目，学生不仅能锻炼身体，更能感受到这些项目中所蕴含的民族精神与文化内涵。学生在学习武术时，不仅要掌握技巧，还要理解武术背后的哲学思想，诸如"义勇仁信""忠诚礼义"等道德规范。这种深刻的文化教育能够帮助学生在体育实践中获得思想上的升华，增强他们对民族文化的认同与自信。

参与民族传统体育项目，能使学生更加清楚地感受到作为中华民族一员的骄傲和自信。通过这些项目的学习和传承，学生不仅为自己的民族文化感到自豪，还能在全球化的浪潮中树立起坚实的文化自信。这种自信不仅体现在对传统体育项目的技艺掌握上，更是在对传统文化、民族历史和文化精髓的认同中得以体现。

（二）民族文化认同感的提升

在全球化趋势日益加深的今天，文化认同感的构建显得尤为重要。民族传统体育文化是学生了解和认同本民族文化的一个重要途径。通过学习和参与传统体育项目，学生能更直观地感受到自身民族文化的独特性和价值。例如，舞龙舞狮、太极拳、民族舞蹈等项目，体现了中华民族特有的生活方式、世界观和审美标准。

学生在学习这些传统体育项目时，不仅仅是在学习技艺，更是在与民族传统文化建立深层次的联系，能深入理解并感受到民族历史和文化的丰富性与多样性。特别是在课程设计中，结合体育项目的文化背景与发展历程，学生能更好地理解其背后的文化符号和精神价值。

在学习过程中，学生也会逐渐认识到自己民族文化的独特性和文化价值，这种文化认同感会随着传统体育项目的学习而不断增强。通过传统体育项目的学习与传承，学生能形成强烈的民族自豪感和社会责任感，更好地融入社会，进而促进社会和谐和民族团结。

（三）创新与发扬民族文化

在全球化的背景下，民族文化面临着巨大的挑战和机遇。传统体育文化的创新，不仅是对传统文化的传承，也是其在现代社会中保持活力的必要途径。传统体育项目的创新不仅体现在技术和表现形式的变化，更在于其内涵和价值的再认识与再塑造。

首先，民族传统体育项目的创新应该结合现代教育需求和学生兴趣，采用更加现代化的教学方式。例如，在教授传统武术时，可以将现代科技手段如视频教学、虚拟现实等引入课堂，通过生动形象的教学方式激发学生的兴趣，从而提升他们对传统文化的认同感。同时，可以将传统体育项目与现代健康理念结合起来，强调其对身体健康、心理平衡和精神修养的作用，使传统体育项目在现代社会中焕发出新的生命力。

其次，民族传统体育项目还可以与现代体育文化融合，推动传统项目走向国际化。例如，武术已经通过国际赛事和文化交流活动的推广，逐步走出国门，成为国际间重要的体育文化符号。通过这些国际化的平台，传统体育项目不仅能展示其独特魅力，还能吸引世界各国人民的关注与参与，进一步促进民族文化的传播和创新。

最后，传统体育项目的创新还需要注重其文化内涵的多样化表达。将传统文化元素融入现代舞台艺术、影视作品等领域，让更多人通过不同的途径了解并认同民族传统体育文化。这不仅是对传统体育文化的创新表达，也是促进文化自信和文化自觉的有效途径。

民族传统体育文化在当今社会具有重要的传承价值。通过传统体育项目的学习与实践，学生能感受到民族文化的精神力量，增强文化自信并提升文化认同感。在全球化背景下，传统体育文化的创新尤为重要，通过创新使其保持活力，不仅有助于传统体育项目的持续发展，也能促进民族文化的全球传播。学校在这一过程中扮演着至关重要的角色，通过教育、创新和实践，为学生提供丰富的文化体验，帮助他们建立起更加坚实的民族文化认同感，并为民族文化的未来发展注入活力。

二、对学生全面素质培养的价值

民族传统体育不仅有助于锻炼身体，通过结合文化背景、历史传承和现代教育理念，还能促进学生在身体、心理和社会适应能力方面的全面发展。传统体育项目在提升学生身体素质的同时，也有助于增强学生的文化素养，培养他们的意志品质和团队合作精神，并且在现代社会中发挥着积极的健康教育作用。通过传统体育项目的学习与实践，学生能在身心发展、人格塑造和社会交往等多方面得到全面培养，更加健康、积极、富有责任感。

（一）身体素质与文化素养的双重提升

传统体育项目的学习不仅能提升学生的身体素质，更能增强他们的文化素养，实现身心并重的全面素质培养目标。首先，许多民族传统体育项目注重身心的协调与锻炼。例如，武术、跆拳道等项目，通过技巧、力量、柔韧性等方面的训练，不仅帮助学生增强体力，改善身体的协调性和柔韧性，还在训练过程中提升学生的心理承受力和专注力。学生通过长时间的训练，能够提高自我调节能力，培养出较强的身体素质和积极的生活态度。

其次，民族传统体育项目与文化背景密切相关，这些项目的学习和实践为学生提供提升文化素养的机会。例如，武术不仅是技巧的展示，更蕴含中华文化的哲学思想、历史传承与道德规范。通过学习这些传统体育项目，学生在提高体育技能的同时，还能加深对民族文化的理解，丰富自身的文化素养。因此，民族传统体育教育不仅帮助学生强化体能，更促进了他们的文化认同与精神内涵的提升。

（二）学生意志品质与团队合作能力的培养

民族传统体育项目的训练往往具有较高的强度和挑战性，为培养坚强的意志品质和团队合作能力提供了理想的舞台。在训练和比赛中，学生面临各种困难和挑战，如何在压力和困难面前坚持不懈，成为对学生意志力的巨大考验。

首先，传统体育项目通过艰苦的训练磨砺学生的毅力和耐力。无论是武术的套路演练，还是跆拳道的高强度对抗，每一项训练都要求学生在不断重复中突破自我，提升自己的技能和体能。这种反复训练的过程，有助于培养坚韧不拔的意志，让学生学会如何在困难面前坚持，如何面对挑战不断进步。

其次，民族传统体育项目通常以集体项目为主，团队合作精神在其中得到充分体现。例如，舞龙舞狮要求学生必须紧密合作、协调一致才能达到最佳效果。通过这些活动，学生学会在合作中尊重他人，理解集体利益高于个人利益，培养出强烈的团队合作意识和责任感。团队协作不仅在体育活动中是必备条件，也是学生未来将面临的重要考验。

通过民族传统体育项目的训练与比赛，学生在不断提高体育技能的同时，也塑造了坚韧的意志力和优秀的团队合作能力。这些品质将帮助学生在未来的学习、工作和生活中应对各种挑战和压力，使他们成为积极向上、具有责任感和合作精神的社会公民。

（三）促进身心健康的现代价值

在当今社会，健康教育越来越受到重视，民族传统体育作为一种独特的教育形式，在促进学生身心健康方面发挥重要作用。结合现代教育理念，民族传统体育不仅可以增强学生的身体素质，还能够改善他们的心理健康，促进身心的全面协调发展。

首先，传统体育项目有助于学生的身体健康。许多民族传统体育项目，诸如武术、杂技、秧歌等，强调全身各部位的协调与锻炼，尤其在增强力量、灵活性、耐力等方面具有显著效果。通过这些体育项目的训练，学生能有效提升体质，增强免疫力，预防肥胖、亚健康等问题。同时，这些项目还强调动作的精确性和节奏的控制能力，有助于提升学生的运动能力和身体协调性，培养良好的生活习惯。

其次，传统体育项目也在心理健康方面具有积极影响。通过高强度的体育活动，学生能够有效释放压力、缓解焦虑和紧张情绪。特别是在传统武术、太极拳等项目中，学员通过内外结合的练习，能够达到身心平衡、放松心情的效果，帮助学生培养良好的心理素质和情绪管理能力。传统体育项目所倡导的"和谐""平衡"理念，能够帮助学生在快速发展的现代社会中保持内心的平静与稳定，增强抗压能力。

此外，传统体育项目注重培养学生的自我修养和自我控制能力，这对学生的心理健康非常重要。通过在训练中不断超越自我、提高自律性，学生能增强自信心和自尊心，提高心理承受力，建立积极的生活态度。这种身心双重健康的培养，将为学生的成长与发展奠定坚实的基础。

民族传统体育项目不仅是学生体育能力培养的工具，更是促进其全面素质提升的重要途径。通过传统体育的学习与实践，学生在身体素质、意志品质、团队合作能力等方面都可获得长足进步。同时，传统体育项目通过改善学生的身心健康、塑造健康的生活态度，帮助学生实现身心的全面发展。民族传统体育文化教育在现代社会中，不仅有助于培养学生的体能与技能，更为他们提供了丰富的精神滋养和文化认同，推动他们成长为更加全面、健康的现代公民。

三、对社会多元文化发展的价值

高校民族传统体育文化不仅是校园内的一项教育活动，而且在社会文化的多元化发展中也发挥着重要的作用。通过将传统体育文化与社会文化深度融合，民族传统体育项目不仅能促进文化交流、增强社会包容性，还能推动社会文化的传播与创新。高校作为民族传统体育文化的传播平台，不仅承担着文化传承的责任，还在塑造和提升社会文化价值方面起着重要的作用。

（一）高校传统体育文化与社会文化融合的促进作用

高校是文化传承与创新的重要阵地之一，传统体育文化在高校中的教育和推广，能促进传统文化与社会文化的深度融合。通过在高校内开展民族传统体育项目，学生不仅能接触和了解本民族的传统文化，还能在参与实践的过程中，意识到不同文化之间的差异与共性，从而增强对多元文化的理解与认同。

首先，高校通过民族传统体育文化活动，为学生提供了一个了解社会多元文化的窗口。许多高校组织的民族传统体育赛事、文化节等活动，吸引来自不同民族和地区的学生参与。这种活动形式不仅为学生提供了展示自己民族传统体育项目的机会，还为其他民族的学生提供了欣赏和了解不同文化的渠道。例如，学校中可以组织一场综合性的传统体育比赛，涵盖来自不同民族的项目，如武术、跆拳道、摔跤、舞狮等，让学生在比赛中感受到各民族文化的独特魅力，同时也为他们提供了跨文化交流的平台。

其次，高校民族传统体育文化的引入和融合有助于推动文化自信的建立和社会包容性的提升。在多元文化交汇的时代，文化的包容性与认同感尤为重要。高校通过多样化的民族传统体育活动，让学生了解、尊重并包容不同民族的文化，不仅有助于他们增进对本民族的认同，也有助于加深对其他民族文化的理解和尊重。高校通过这种文化交流，打破了不同民族之间的隔阂，促进了社会和谐发展。

（二）传统体育文化在多元文化社会中的包容性与传播性

民族传统体育文化在多元文化社会中具有独特的包容性和传播性。它能够跨越文化的藩篱，传播和融入不同的社会文化背景中，从而增进社会文化的多样性，激发创新性。

首先，传统体育文化具有很强的包容性。在全球化的背景下，世界各国文化的交流与碰撞日益频繁。民族传统体育项目通过其独特的表现形式，吸引不同文化背景的人们参与并欣赏。例如，中华武术、韩国跆拳道、日本相扑等项目已经走出国门，成为世界范围内的重要体育项目。它们不仅保持了各自的传统特色，还通过不断的交流与创新，逐渐融入各国的文化中，成为全球文化的一部分。通过这种方式，传统体育文化展示出其强大的传播力和包容性。因为它不仅能够展示本民族的独特魅力，还能与其他文化相互影响、相互学习，共同推动文化的全球化发展。

其次，民族传统体育文化具有广泛的传播性。随着各类国际体育赛事的举办，传统体育项目的传播面不断扩大。特别是一些具有国际影响力的传统体育项目，如跆拳道、武术等，已成为全球范围内被广泛接受的体育形式。通过国际赛事、文化交流活动等平台，民族传统体育项目得以与世界各地的文化相融合，进一步推动了文化的传播与创新。

（三）高校民族传统体育文化对社会文化价值的塑造与提升

高校不仅是民族传统体育文化传承的基地，更是其创新与传播的重要平台。通过高校的教学、研究和实践，民族传统体育文化从校园走向社会，进而影响和塑造社会文化的整体价值观。

首先，高校在传播民族传统体育文化的过程中，帮助学生理解并欣赏传统文化的价值，培养他们的文化认同感与自豪感。通过课程设置、社团活动、比赛展示等多种形式，民族传统体育文化得以在高校中广泛传播。这种传播不仅限于技术与技巧的学习，更涉及对民族历史、哲学和价值观的深入思考。学生通过对传统体育项目的学习和参与，能提升自身的文化素养，并将这一文化认同带到社会中，形成对民族文化的共同尊重和认同。

其次，高校的民族传统体育文化教育为社会提供了更多具有文化深度和思想内涵的体育人才。这些体育人才不仅具备良好的体育技能和身体素质，还具备较强的文化素养和社会责任感。在进入社会后，他们能将所学知识和文化理念传播给更多的人，成为社会文化的积极传播者。

最后，高校通过组织传统体育赛事、文化节等活动，推动民族传统体育文化在更广泛的社会范围内得到展示与认同。这些活动不仅是体育竞技的展示平台，也是文化交流与创新的重要平台。通过这些活动，大众可以更加了解民族传统体育的魅力，增强对民族文化的认同感与自豪感，从而提升整个社会的文化自信和凝聚力。

高校在民族传统体育文化的传播中，扮演着至关重要的角色。通过与社会文化的融合、包容性和传播性的展现，民族传统体育项目不仅在校园内得以传承和创新，还能够走向更广阔的社会舞台，促进文化的多元化发展。高校作为民族传统体育文化的传播平台，不仅塑造了学生的文化认同感，也为社会文化价值的提升和创新做出了贡献。通过这种文化教育与传播，高校帮助社会实现了民族文化的传承、创新和全球化发展，推动了社会文化的融合与提升。

四、对教育体系完善的价值

民族传统体育文化资源不仅是民族文化的重要组成部分,也是教育体系中不可或缺的元素。它在推动教育体系的多样性与丰富性、与现代教育理念的融合以及确保长期传承与发展方面,发挥着积极的作用。通过有效整合民族传统体育文化资源,教育体系能够更好地回应时代的需求,培养学生的综合素质,增强文化认同感,同时推动教育质量和教学内容的多元化发展。

(一)提升教育体系的多样性和丰富性

民族传统体育文化资源的融入,为教育体系的多样性和丰富性提供了坚实基础。在传统的教育体系中,体育活动往往侧重西方体育项目,忽视了民族传统体育的传承与发展。民族传统体育文化资源的引入,不仅弥补了这一空白,还丰富了教育内容,使得体育教育更加多元化。

首先,民族传统体育文化资源的融入促进了各类教育项目的多样性。例如,武术、跆拳道、舞狮、摔跤、传统武术操等多种民族传统体育项目进入学校课程,极大地丰富了学生的体育活动选择,不仅使学生接触到多种体育形式,还能让学生根据个人兴趣选择不同的体育项目进行学习与实践,提升了学生的自主选择权和体验感。

其次,民族传统体育项目通常蕴含深厚的文化内涵,通过学习这些项目,学生能在锻炼身体的同时,增进对本民族传统文化的认知与理解。这种文化内涵的结合,不仅增强了学生的文化素养,还让体育教育成为文化教育的一部分。通过这些民族传统体育活动,学生不仅提升了身体素质,还提升了对民族历史、哲学和精神价值的理解,使教育体系的内容更加丰富,赋予体育教育新的生命力。

(二)民族传统文化体育项目与现代教育理念的融合

在现代教育体系中,将民族传统体育文化资源有效地与现代教育理念融合,成为提升教育质量和实现教育目标的重要课题。现代教育理念强调全面素质教育、学生个性化发展以及跨学科的整合,而民族传统体育文化资源的融入正好契合这一发展趋势。

首先,现代教育理念强调学生身心的全面发展。民族传统体育项目具有深刻的文化内涵,注重身体素质的培养,在促进学生身体健康的同时,也促进学生情感、社会能力和认知能力的提高。比如,传统武术项目不仅注重身体技巧的训练,还强调"心法"的修炼,使学生在体育活动中得到心灵的净化与升华。在这一过程中,民族传统体育文化资源与现代教育理念的结合,能够培养学生的综合素质,提升他们的思想境界和身体素质。

其次,现代教育理念提倡创新和个性化发展。民族传统体育文化资源的引入,能够为学生提供多样化的学习选择,激发他们的兴趣和创造力。在传统体育项目的学习过程中,学生不仅可以学习技能,还能参与创新,如将传统体育项目与现代科技相结合,创造出符合新时代需求的体育活动形式。例如,在传统武术教学中加入虚拟现实技术,学生可以通过虚拟场景进行武术演练,既能提高学习的趣味性,又能提升学生对民族传统文化的兴趣。

最后,现代教育理念强调跨学科的教育方式。民族传统体育文化资源可以与其他学科如历史、文化、哲学等结合,形成跨学科的教育体系。在民族传统体育项目的教学中,教师不仅要传授技术技巧,还要结合项目的历史背景、文化内涵和哲学思想进行教学。通过这种方式,学生在学习体育技能的同时提高文化素养和综合素质,可以实现体育教育与文化教育的无缝对接。

(三)高校民族传统体育文化资源的可持续发展

要确保民族传统体育文化在高校中的长期传承与发展,就需要对高校民族传统体育文化资源进行有效的规划和持续的投入。可持续发展不仅仅是文化的传承,更是文化创新与现代化的结合。

首先,教学体系的建设和完善是民族传统体育文化资源可持续发展的基础。高校应当制定系统化的民族传统体育课程体系,确保传统体育项目在教育中的长期存在。例如,开设专业的民族传统体育课程,并将其纳入高校体育教学大纲中,确保每个学生都有机会接触和学习民族传统体育项目。此外,高校可以开设相关的学术研究课程,培养专业的民族传统体育文化研究人才,为其传承与创新提供理论支持。

其次,师资队伍的建设是保证民族传统体育文化可持续发展的关键。高校需要培养一批既精通民族传统体育技艺,又具备深厚文化素养的教师队伍。这些教师不仅要具备高超的体育技能,还能深入讲解体育项目背后的文化内涵、历史背景和精神价值。此外,教师还应具备创新精神,能在教学中灵活运用现代教育方法,提高学生的参与度和兴趣。

最后,社会支持和资源投入是推动高校民族传统体育文化可持续发展的必要保障。政府、社会文化机构及企业应加大对民族传统体育文化的投入,提供资金、设施等方面的支持。高校可以通过与社会各界的合作,获取更多的资源,推动民族传统体育文化的创新与发展。此外,高校可以通过举办大型的民族传统体育文化节、比赛等活动，吸引更多社会力量的关注与参与，推动民族传统体育文化的传播与创新。

民族传统体育文化资源对于教育体系的完善具有深远的意义。通过推动民族传统体育文化资源与现代教育理念的融合，提升教育的多样性和丰富性，高校能为学生提供更加全面的教育体验，同时推动民族传统体育文化的创新与传承。高校应当通过建立完善的课程体系、培养优秀的师资力量以及持续的社会资源投入，确保民族传统体育文化在教育中的长期传承与发展，进而促进民族文化自信和社会文化的全面进步。

第二章　高校民族传统体育文化资源开发的现实审视

高校民族传统体育文化资源的开发不仅是教育体系的一部分，也关乎文化传承、创新以及社会的整体进步。然而，当前高校在民族传统体育文化资源开发的过程中，不仅面临着多重挑战，还陷入时代的迫切需求等多方面的困境。对这些问题的深入审视已刻不容缓，高校应在制定相关政策和规划时更加精准地识别问题，解决现存困境，推动民族传统体育文化资源的可持续发展。

第一节　高校民族传统体育文化资源开发的现实挑战

一、资源配置不均衡

在当前大多数高校中，民族传统体育项目的资源配置存在明显的不均衡问题。虽然一些高校已开始重视传统体育项目的传承与发展，但总体来说资源配置仍然存在诸多不足，特别是在非主流的民族传统体育项目方面。此类项目往往面临设施和器材缺乏、没有足够投资和关注等问题。资源配置不均衡不仅影响了体育项目的质量，也导致这些项目在学校体育教育体系中的地位较低，无法充分发挥其文化和教育价值。

（一）投资不足：现代体育中民族传统体育项目处于弱势地位

民族传统体育项目丰富多样，体现了不同民族的历史文化和独特精神，但目前在很多高校中，传统体育项目仍然处于较为边缘的地位。尽管这些项目蕴含着深厚的文化价值，但由于资金投入不足，许多传统项目得不到应有的支持。尤其是在现代体育领域中，体育项目的投资往往集中在少数几个主流项目上，如足球、乒乓球、篮球等，而忽视了其他一些有着浓郁民族特色的传统项目。比如，虽然一些高校会开设与民族文化相关的体育项目，如踢毽子、摔跤、舞龙舞狮等，但由于资金投入不足，这些项目在校园内的开展往往仅限于课外活动，缺乏系统的教学和专业的培训资源。

这种投资不足直接影响到非主流民族传统体育项目的推广和普及，导致其难以在学生群体中广泛传播。尽管学生在课外活动中可能参与到这些项目中，但由于缺乏充分的教学支持和资源保障，学生的参与度有限，且大多数项目无法长期持续发展。器材的匮乏、训练设施的不足，使这些项目的教学效果大打折扣，甚至无法满足日常训练的基本需求。最终，许多具有悠久历史和文化内涵的传统体育项目，无法得到应有的重视与保护，难以有效地传承下去。

（二）民族传统体育项目设施和器材短缺

高校对民族传统体育项目的投资不仅体现在资金上，还体现在基础设施和器材的配置上。对于一些有特殊需求的民族传统体育项目，如武术、民族舞蹈、摔跤等，所需的设施和器材远非一般运动项目可以满足。具体而言，这些项目往往需要专门的场地和设备，如练功房、道场、舞蹈道具等，而许多高校的设施条件远远无法满足这些需求。例如，练习武术的场地需要较大的空间，以及特殊的地面要求；舞蹈项目也需要配备专业的舞蹈室和道具。遗憾的是，许多高校并未为这些传统项目提供足够的资金支持来配置相应的设施与器材，甚至一些高校连基本的教学场地和设施都没有，导致相关教学活动无法开展。

此外，器材的不足也影响了教学的实际效果。传统体育项目往往需要特殊的器材进行训练，这些器材可能成本较高且维护困难，导致其在大多数高校中难以普及。例如，摔跤所需的专用垫子、舞龙舞狮的道具以及武术的各种器械，这些项目在没有合适器材的情况下，很难进行系统性的训练，教学质量自然无法保障。而缺乏适当的设施和器材，学生的实践机会也随之减少，极大地阻碍了他们对民族传统体育项目的学习和深入理解。

（三）民族传统体育项目缺乏系统化、标准化的课程体系

目前，许多高校的民族传统体育项目依然没有形成系统化、标准化的课程体系，大多数项目仅停留在课外活动层面。即便部分高校开展了一些民族传统体育项目的教学，许多项目依然没有纳入正式的课程体系中，难以吸引学生广泛参与。尤其是在一些资源相对匮乏的高校，传统体育项目常常无法与现代体育课程同步发展，更多的是以兴趣小组或学生社团的形式存在。由于这些项目没有学分要求，课程内容也没有经过系统设计和专业指导，因此

这些项目无法吸引更多学生参与，导致其在校园内的影响力十分有限。

这种"课外活动"性质的安排导致民族传统体育项目在学生的教育和日常学习中处于附属地位，无法真正融入学术和文化的教学体系中，未能充分发挥其对学生身体素质和文化素养的提升作用。尤其是在现代社会，学生的课程内容逐渐多元化，民族传统体育项目未能成为教学计划的一部分，导致这些项目的教育意义和文化价值不能得到充分的体现与传承。更重要的是，缺乏系统化和标准化的课程体系使得传统体育项目的教学内容和形式不统一，教学效果难以得到保障，学生对这些项目的兴趣和参与度自然降低。

高校民族传统体育项目的资源配置不均衡，尤其是非主流项目的投资不足，导致项目的展示与推广受限。缺乏足够的教学设施和器材使得这些项目的教学质量受到影响，而大多以课外活动的形式开展，导致其无法成为系统化、标准化的课程体系的一部分，进一步限制了其在校园中的传播和发展。为了更好地传承和推广民族传统体育文化，高校应加大对传统体育项目的投入，确保项目的资源得到均衡配置，并将其纳入课程体系，以提升教学质量，增强学生的参与感与认同感。

二、师资力量薄弱

在高校的民族传统体育教育中，师资力量薄弱是当前面临的一个关键问题。虽然一些高校已经开始关注民族传统体育项目的教学与传承，但由于缺乏具备专业技能和深厚文化素养的教师，导致许多项目的教学质量难以保障。这一问题不仅影响学生的学习效果，也限制了民族传统体育文化的深度传递和广泛推广。

（一）高校民族传统体育教师的专业技能不足

目前，许多高校在民族传统体育教育领域的教师队伍整体素质相对较低，尤其是在一些相对冷门或非主流的民族传统体育项目上。尽管这些教师大多数有一定的实践经验，能够教授一些传统体育项目的基本技能，但其专业化程度普遍不高。在民族传统体育教育中，教学不仅仅是技能的传授，更多的是文化的传递和精神的熏陶。因此，教师不仅需要具备扎实的技能教学能力，更应具备对项目背后文化、哲学思想和历史价值的深入理解。然而，在当前的教学中，许多民族传统体育教师缺乏深厚的理论基础和系统的教学能力，尤其在非主流民族传统体育项目方面，教师的文化素养较为薄弱，无法充分挖掘并传递其中蕴含的精神价值和文化内涵。

尽管部分教师能够教授传统体育项目的基础动作和技巧，但他们在教学过程中往往侧重于技术操作的训练，忽视了背后丰富的文化内容。民族传统体育项目承载着各民族的历史、哲学、信仰与精神，教师应当将这些内容融入教学中，从而帮助学生更好地理解和体验这些项目的独特价值。然而，由于教师在文化素养方面的不足，很多时候教学内容过于偏重技能本身，学生对这些项目的理解仅停留在表面层次，未能充分发掘其中的文化底蕴。这种情况在一些非主流项目中尤为严重，因为这些项目通常缺乏广泛的关注和研究，导致教师缺少相关的理论支持和教学资源。

（二）教学方法单一，缺乏现代教育理念的应用

在当前的民族传统体育教学中，教师普遍采用传统的教学方法，主要依赖重复性的技能练习和演示，缺乏现代教育理念的有效应用。传统的技艺传授方式通常较为单一，侧重于模仿和机械的训练，而忽视了学生自主思考和创新能力的培养。民族传统体育项目的教学不仅应重视学生的动作技能，更应强调理论与实践的结合，以及学生个人能力的提升。例如，在武术的教学中，除了传授基本的招式和技巧，教师应当引导学生理解这些动作背后的哲学思想和文化内涵，让学生从中汲取精神力量和智慧。然而，很多传统体育项目的教学仍停留在"以技制教"的阶段，课堂上主要是教师演示、学生模仿，缺乏互动和启发，学生难以在实践中深刻体会这些项目的精髓。

此外，现有的教学方法在现代教育技术的应用方面也存在较大不足。随着科技的发展，现代教育工具如多媒体、在线教学平台、虚拟现实等技术已广泛应用于教育领域，它们互动性强，能够为学生提供更加生动的学习体验，帮助学生更好地理解复杂的技能和理论。然而，许多民族传统体育教师并未充分利用这些现代教学工具，课堂上仍旧依赖传统的教学方式，未能有效提升学生的学习体验和参与感。通过引入这些新兴技术，学生不仅能更直观地感受传统体育项目的魅力，还能通过互动和模拟操作增强自身的学习效果，提升创新能力和思维深度。

（三）外部专家和传承人缺乏系统化教学能力

许多高校在开展民族传统体育项目教学时，会邀请外部专家或文化传承人来授课，目的是让学生能直接接触到这些传统项目的核心技能和文化精髓。然而，尽管这些专家或传承人在技能传授方面有着丰富的经验，但他们通常缺乏现代教育理论的支持和系统化的教学能力。许多外部教师并未接受过专业的教育培训，教学方法往往较为传统，更注重技术的传递而忽视

了教育的系统性和科学性。由于缺乏教学体系的规划，这些专家和传承人在课堂上往往侧重于展示技能和传授经验，但对于构建清晰的教学进程、引导学生理解和掌握更深层次的文化内涵缺乏明确的思路。

此外，外部专家和传承人通常是兼职授课，教学时间有限，无法为学生提供持续的理论指导，也无法引导学生对文化内涵进行深入探讨。这种情况下，学生虽然能够通过实践掌握一定的传统体育技巧，但对于这些项目背后的文化背景、历史传承和精神价值的理解则较为浅显，难以形成全面的学习体验。对民族传统体育项目背后的哲学思想和文化价值，学生难以形成深刻认知，也难以提升自己的参与度和兴趣。为了弥补这一短板，高校应当加强与外部专家和传承人的合作，提供更多的教育培训机会，帮助他们提升教学能力，特别是在教学方法、课堂管理、文化传递等方面的能力，从而保证传统体育项目的全面发展和深入传播。

（四）教师队伍建设亟需加强

高校在民族传统体育教育领域的师资队伍建设亟须加强。要有效开展民族传统体育项目的教学和传承，必须依靠一支具有专业背景、文化素养和教学能力的教师队伍。然而，目前高校在这一领域的师资力量整体较为薄弱，教师的专业化水平和文化素养参差不齐，严重影响了民族传统体育项目的教学效果和传承质量。因此，高校应当采取措施，加强教师队伍的建设，以推动民族传统体育文化的深度传承。

首先，高校应为现有教师提供定期的培训和进修机会，尤其是在民族传统体育项目的理论知识、教学方法以及文化内涵的挖掘方面。通过定期的培训，教师进一步提升自身的文化素养和教学技能，更好地理解和传授民族传统体育项目的独特价值。同时，培训内容可以围绕传统体育项目的历史、哲学思想、文化背景等展开，使教师不仅仅停留在技能传授层面，还能将项目背后的文化价值与思想传递给学生，从而培养学生的综合素质和文化认同感。

其次，高校在教师的选拔方面应加强力度，注重从具备专业背景和文化素养的领域选拔教师，特别是在民族传统体育领域有丰富经验和知识积累的专家。从相关领域选拔具有深厚文化积淀的教师，能有效提升教学质量和文化传承水平。高校应采取多元化的选拔方式，关注教师的教学经验、文化素养和学术研究能力，确保教师在民族传统体育教育中起到引领作用。同时，高校还应通过与国内外高校、社会文化机构、传统体育专家的合作与交流，促进教师队伍的不断提升，帮助教师了解行业发展的新趋势和教学理念，提升整体教学水平。

最后，高校应积极与社会、文化机构和传统体育专家合作，聘请有深厚实践经验和文化传承能力的教师，定期举办讲座、研讨会等学术活动，为教师和学生提供一个文化交流和学术探讨的平台。这不仅能拓宽教师的视野，提升其教学水平，还能激发学生对传统体育项目的兴趣和深刻思考。通过与专家的互动，学生能更加全面地理解民族传统体育项目的文化背景、历史意义和精神价值，增强他们对传统文化的认同感。

（五）文化内涵的忽视与教学深度的不足

目前，许多民族传统体育教育中的教师将焦点放在技能和技艺的传授上，往往忽视项目背后蕴含的深刻文化内涵和哲学思想。民族传统体育项目不仅仅是体育技能的展示，更是民族文化、历史传承和精神价值的体现。每个传统体育项目背后都有独特的文化故事和思想体系，如武术中的"天人合一"思想、摔跤中的"勇敢与坚韧"精神等，这些理念深深扎根于民族的文化土壤中。然而，许多教师在教学中并没有充分挖掘和讲解这些深层次的文化内涵，导致学生在学习过程中仅仅停留在技能层面，缺乏对这些项目的思想和精神的全面理解。

如果教学仅仅局限于技艺的传授，学生将无法体会到这些传统体育项目所承载的文化精神和哲学价值。比如，武术不仅仅是动作的组合，更是内外兼修的艺术，是一种通过身体锻炼实现自我修养的方式；摔跤不仅是力量和技巧的比拼，更是一种勇气与坚持的象征。为了确保民族传统体育文化的有效传承，高校应将文化内涵与技艺紧密结合，注重培养学生的文化认同感。教学不仅要关注如何完成一个动作，更要让学生理解每个动作背后的文化哲学和精神内涵。

为此，高校可以在课程设置中增设更多文化性内容，聘请文化学者和传统体育专家深入挖掘和讲解项目背后的文化价值，使学生从多角度理解传统体育项目的精神内涵。在教学中，高校还应注重鼓励学生进行自主思考和讨论，培养学生的批判性思维和创新能力，让学生从中汲取智慧、启发和力量，真正理解和认同这些传统体育项目的文化价值。

师资力量的薄弱严重制约了高校民族传统体育文化资源的传承与发展。尽管部分高校已经开始引入外部专家和传承人进行授课，但教学方法单一、教师缺乏系统化的教学能力以及文化内涵的忽视等问题仍然存在。为了推动民族传统体育的有效传承，高校必须加大对教师队伍的建设，培养具备专业技能和深厚文化素养的教师，更新教育理念，整合现代教育方法，提高教学质量。同时，通过外部专家与传承人的参与和教师的持续进修，确保学生不仅能掌握传统体育项目的技能，更能深入理解其中的文化价值，提升文化自信和认同感。

三、学生兴趣不足

在许多高校，学生对民族传统体育项目的兴趣不足已成为制约其推广和发展的一个重要因素。与西方现代体育项目相比，传统体育项目由于其形式较为陌生、技术要求较高以及文化背景差异，往往难以吸引学生的关注和参与。学生的兴趣和参与度直接影响民族传统体育项目的教学效果和普及范围，如何提高学生对传统体育的兴趣，激发他们的学习热情，成为高校教育面临的重要课题。

（一）传统体育项目的陌生性与技术难度

对于许多学生而言，民族传统体育项目通常是陌生的。相比于篮球、足球、排球等普及度较高的西方现代体育，传统体育项目的受众群体较小，学生的参与感普遍较低。许多学生在成长过程中并未接触过这些项目，导致他们对其文化背景和技术要求缺乏了解。例如，武术、摔跤、舞狮等项目不仅具有独特的文化内涵，还要求较高的身体素质和技术水平，这对初学者来说是一个不小的挑战。尤其是这些项目的动作复杂，学习门槛较高，要求学员具备较强的协调性、力量和柔韧性，因此许多学生在初次接触时感到困难重重。由于这些技能往往需要经过较长时间的练习才能逐步掌握，学生在没有获得即时成果的情况下，很容易产生挫败感，失去耐心，进而影响他们的学习兴趣和持续参与的动力。

例如，传统武术中的拳法和器械动作、摔跤的技巧与力量的结合、舞狮的复杂动作与团队配合等，这些项目的技术难度相较于现代体育活动更为复杂，学习曲线也较为陡峭。对于初学者而言，他们可能无法在短期内看到技能的进步或成效，这种学习上的"慢进展"常常让他们缺乏持续投入的动力。因此，降低传统体育项目的技术门槛，提供更容易上手的学习体验，帮助学生体验成就感，是激发学生兴趣并提高参与度的重要一环。

（二）现代体育活动的娱乐性与趣味性

现代体育活动具有较强的娱乐性和趣味性，尤其是比赛形式和规则更符合年轻人的兴趣。例如,足球、篮球等运动不仅强调技巧,还强调团队协作、比赛节奏的快感和即时反馈,能吸引学生的注意力并增加他们的参与感。现代体育活动注重互动性和观赏性,比赛中的即时结果和快速节奏,使得学生能够更快地感受到成就感和满足感,这种娱乐性显著提高了学生的参与意愿。

然而,许多传统体育项目由于其深厚的文化性和历史性,往往表现出较为严谨和固定的练习形式,缺乏现代体育项目那种快节奏、激烈和互动的氛围。比如,传统武术的套路练习、摔跤的技术和力量对抗等,往往需要较长时间的积累和训练,而且训练过程比较单调、重复,使一些学生认为这些项目过于枯燥,难以与现代体育项目的娱乐性和互动性相匹敌。尽管传统体育项目包含着丰富的文化底蕴和精神内涵,但如果不能与现代教育和娱乐需求相结合,容易让学生感到距离感和冷漠感。为了吸引更多学生参与,传统体育项目需要注重教学形式和内容的创新,提升娱乐性和趣味性,以使其更符合现代学生的需求。

(三)文化认同感的缺失与传统体育的"过时感"

学生对民族传统体育项目缺乏兴趣,也与文化认同感的缺失密切相关。尤其是城市中的年轻人,许多学生可能对民族的传统文化了解不深,甚至存在一定的文化自卑感。在这种背景下,传统体育项目常常被视为"过时"的项目,难以与现代社会的快节奏相契合。对于一些学生来说,传统体育项目就像是"老一辈"的文化遗产,与自身的日常生活和娱乐需求似乎没有直接的联系,因此对这些项目的兴趣较低。

此外,现代社会的全球化和西方文化的广泛传播,导致许多学生更容易接受并喜欢那些国际化和具有全球影响力的体育项目,如篮球、足球等,认为这些项目更具现代感、更具全球性,而传统体育项目则显得有些"过时"。尤其是当今社会,学生的娱乐需求和价值观往往偏向个性化和时尚化,传统体育项目如果不能体现出与现代社会的关联,便很难激发学生的参与热情。因此,培养学生对传统体育项目的文化认同感,增加他们对传统体育文化的情感共鸣,成为激发学生兴趣、提高参与度的重要途径。

(四)课堂教学的吸引力不足

在许多高校的传统体育课程中,教学形式相对单一,缺乏足够的吸引力。传统体育项目的教学通常以技术演示和重复练习为主,缺乏互动性和娱乐性,使得学生很难在课堂上产生兴趣。尤其是在没有引入现代教育理念的情况下，传统体育课堂往往显得枯燥乏味，缺乏创新性和变化。由于课程内容大多依赖教师的示范和学生的模仿，课堂上缺少生动活泼的互动，学生的学习积极性和兴趣很难得到有效调动。特别是对于那些技术要求较高、需要较长时间练习才能掌握的项目，学生容易感到无聊和疲倦，从而影响他们的学习积极性。

此外，许多高校的传统体育课程安排较为僵化，课程设置不够灵活，缺乏多样化的教学形式。例如，传统体育课程中可能没有充分融合现代教育理念，如小组合作学习、项目式学习等，使学生的学习体验显得单一且缺乏趣味性。与一些新兴的、充满活力的体育课程相比，传统体育课程往往显得沉闷，难以引起学生的共鸣。因此，在教学中引入更多创新的教学方法、注重互动性和娱乐性，将现代教育理念和技术手段融入传统体育教学中，能够有效提高课堂的吸引力，激发学生的兴趣和参与热情。

总体来说，传统体育项目的陌生性、技术难度、文化认同感的缺失以及课堂教学的吸引力不足等因素，制约了传统体育项目在学生中的普及和发展。为了增强学生对民族传统体育项目的兴趣和参与度，高校需要在技术难度、娱乐性、文化认同感和教学方法上进行创新，增强学生的学习动力和情感共鸣，从而推动民族传统体育的广泛传承与发展。

四、文化认同不足

在一些高校中，民族传统体育项目与本土文化的关联性较弱，导致学生难以感知传统体育文化所蕴含的深厚文化价值。文化认同的缺乏不仅影响了学生对民族传统体育项目的接受度，也限制了这些项目在校园中的传播和推广。许多学生对传统文化缺乏兴趣，甚至对本民族文化产生疏远感或轻视情绪，这对传统体育项目的传承和发展构成了巨大的障碍。

（一）传统体育项目与本土文化的关联性较弱

民族传统体育项目是各民族文化的重要组成部分，其背后蕴含着丰富的文化、历史、哲学和道德观念。然而，在许多高校中，传统体育项目的教学与实践往往仅停留在技能训练和身体锻炼的层面，缺乏对这些项目文化内涵的深入挖掘和呈现。传统体育项目不仅仅是锻炼身体的方式，更是传承民族文化的重要途径。每一个传统体育项目背后都承载着特定的民族文化，反映了民族的智慧、价值观以及历史的发展。然而，由于教学中对文化背景的忽视，学生难以将这些体育项目与自身的文化背景和民族认同联系起来。

没有对文化内涵的深入讲解，传统体育项目在课堂中的文化价值就不能得到应有的体现和传承。

例如，武术不仅仅是武艺的展示，它承载着中国传统哲学思想中的"天人合一"理念；摔跤作为一种传统项目，不仅仅是力与技巧的较量，它还象征着民族的坚韧与勇气；舞龙舞狮等项目包含了丰富的文化寓意，反映了民族节庆与庆祝的传统。遗憾的是，许多传统体育项目的教学往往局限于技能的传授，忽略了这些项目背后的历史和文化。这样一来，学生对这些传统项目的理解仅停留在动作和技巧上，无法深入体会其中蕴含的文化底蕴。

（二）学生对传统文化的兴趣缺乏

随着全球化进程的推进和西方文化的广泛传播，现代化的体育活动和娱乐方式逐渐占据了年轻人的文化视野，导致许多学生对本土传统文化的认同感逐渐弱化。在一些大城市的高校中，学生的文化认同更多地偏向于现代化和全球化的文化形态，忽视了本民族的传统文化。这种趋势在传统体育项目的接受度上表现得尤为明显，学生可能将传统体育项目视为"过时"的活动，缺乏学习和参与的兴趣。

对于一些较为小众的民族传统体育项目，学生接触或了解这些项目背景的机会更是少之又少，更难说感知与认同。这些项目的普及度较低，许多学生甚至没有机会亲身体验。由于缺乏对传统文化的认识，学生无法感受这些体育项目背后所承载的历史、哲学和精神价值。因此，学生对这些项目的兴趣较低，参与度也相应下降。这不仅制约了传统体育项目的传播，也影响了民族文化的传承。

（三）文化自信缺失与民族文化的疏离

许多学生缺乏对本民族文化的自信，尤其是在城市化进程较快、现代化氛围浓厚的地区，部分学生对民族传统文化产生疏离感，甚至轻视自己的文化背景。西方文化在全球范围内的广泛影响，令一些学生对西方的娱乐方式、体育项目以及生活方式产生认同感，忽视传统文化对塑造民族精神、培养个人品格和增强文化自信的重要作用。在这种文化自信缺失的背景下，民族传统体育项目往往被视为"老旧"项目，缺乏吸引力和现代感。

此外，由于学生文化认同感的缺失，他们在传统体育项目中很难找到自我价值的体现和精神共鸣，进而影响了他们的学习兴趣和参与动力。没有对传统体育项目所承载的民族精神和价值观的认同，学生很难全身心地投入其中。因此，传统体育项目的推广和文化自信的培育亟须加强，特别是通过教育系统来帮助学生理解和认同民族传统文化的重要性，树立起文化自信，增强参与意愿和对传统文化的认同感。

（四）高校教育中对传统文化的重视不足

尽管民族传统体育项目在高校教育中具有重要的文化价值和教学意义，但许多高校并未充分重视这些项目的文化传承功能，更侧重于体育技能的训练，忽略对项目背后文化内涵的挖掘和传递。在许多高校的教育体系中，传统体育项目被简单地看作是体能锻炼的手段，课程设置过于注重学生的身体素质培养，忽视了文化背景和精神内涵的融合。正因为如此，学生无法真正感受到传统体育项目的文化深度，无法理解这些项目所蕴含的历史、哲学和道德价值。

此外，部分高校的传统体育课程与民族文化的结合较为薄弱，教学形式也缺乏创新。传统体育项目和民族文化往往被当作两个独立的教学模块，缺乏将二者融合的教学方法。学生在学习传统体育时，很少有机会深入了解这些项目背后的文化故事、历史传承和哲学思想，导致他们难以从更深层次理解这些项目的精神内涵。因此，高校应当重新审视传统体育课程的设计和教学方式，将民族传统体育的文化价值纳入教学体系，通过创新的教学方法，将体育与文化深度结合，激发学生对传统文化的兴趣与认同，从而推动传统体育项目的有效传承。

文化认同感不足是导致高校学生对民族传统体育项目兴趣不足的根本原因之一。为了增强学生对传统体育项目的兴趣和接受度，高校应加强民族传统体育项目的文化内涵教学，提高学生的文化认同感和自信心；通过文化教育和创新教学方式，帮助学生理解和传承民族传统体育项目背后的历史、哲学和精神价值，从而促进传统体育项目的广泛传播和有效传承。

第二节 高校民族传统体育文化资源开发的时代诉求

随着全球化进程的推进和国家文化自信的增强,高校在民族传统体育文化资源的开发方面面临着前所未有的时代诉求。这些诉求不仅与国家文化政策密切相关,还与社会的文化多元化、教育质量的提升以及学生全面发展的需求紧密相连。

一、文化自信的增强

在全球化进程日益加速的背景下,文化自信已成为国家和社会的重要主题。随着中国逐渐崛起为世界的重要文化力量,民族文化自信的提升不仅是国家发展的内在动力,也是对外文化交流的重要支撑。高校作为知识传播和文化创新的主阵地,肩负着弘扬民族传统体育文化、加强文化自信的责任。民族传统体育不仅仅是体育教育的组成部分,更是民族文化的重要载体。通过对民族传统体育的教学和研究,学生不仅在技能上获得提升,更能深入理解和认同本民族的文化,从而增强民族文化的自信和认同感。

(一)民族传统体育文化对文化自信的促进作用

民族传统体育文化包含了一个民族的历史、哲学、道德理念和精神风貌。作为文化自信的重要载体,民族传统体育不仅体现了中国传统文化的独特性,还展现了中华民族的智慧和精神。通过对民族传统体育项目的学习,学生能够从中汲取民族文化的精髓,理解其深厚的文化内涵和哲学思想。

例如,武术不仅是一项体育技能,更承载着"天人合一"的哲学思想。通过学习这些项目,学生不仅能够提升身体素质,还能培养尊重、勇气、坚韧等核心价值观,进而加深对本民族文化的认同和理解。这种文化自信的培养,对于增强学生的民族自豪感、归属感和认同感具有重要意义。

(二)高校在文化自信建设中的重要角色

高校作为培养人才、传播知识和促进社会文化进步的重地,在文化自信建设中的作用尤为突出。通过在教学过程中融入民族传统体育文化,高校能在学生心中种下文化认同的种子,并为学生提供理解和传承民族文化的机会。高校不仅是知识和技能传授的场所,也是文化认同和自信心培育的摇篮。

高校可以通过系统的课程设置和丰富的课外活动，让学生在实践中感受传统体育项目的魅力，并深刻理解其中蕴含的文化价值。除了传统体育项目的课堂教学外，高校还可以通过组织民族体育文化节、体育赛事、传统体育讲座等活动，提升学生对民族文化的兴趣和认同，进一步增强文化自信。

（三）民族传统体育文化的数字化传承与文化自信的关系

在现代信息技术飞速发展的今天，数字化已成为文化传承的重要方式。通过数字化手段，民族传统体育文化可以突破时空的限制，传播到更广阔的领域和更广泛的受众。数字化资源的应用不仅有助于保存和传承民族传统体育项目，还能通过互联网平台，让更多的人了解和体验中华民族的传统文化。

高校在推动民族传统体育文化数字化的过程中扮演着重要角色。通过开发线上课程、制作教学视频、建立虚拟实践平台等方式，学生不仅能随时随地学习民族传统体育项目，还能通过互动和沉浸式体验，更加深入地理解其文化内涵。这种数字化的文化传播方式，不仅促进了传统体育文化的全球传播，还增强了学生对本民族文化的认同感和自信心。

（四）增强文化自信的长远意义

文化自信的增强，不仅关乎个体的民族认同，也关系到国家的文化软实力和国际地位。高校通过对民族传统体育文化资源的开发和传承，可以进一步加强文化认同感，提升国家的文化影响力。文化自信的建立，这不仅是民族文化的自我肯定，更是对世界多元文化的积极对话和交流。

在全球化时代，文化自信还能帮助中国更好地塑造国际形象，提高国际社会对中国文化的理解与尊重。民族传统体育项目作为中华文化的一个重要组成部分，高效的文化传播和教育不仅能提升人民的文化自信，也能向世界展示中国文化的独特魅力和价值。

文化自信是民族复兴的精神动力，是推动社会进步的核心要素。高校作为文化自信建设的重要阵地，应当通过民族传统体育文化的开发和教学，增强学生对本民族文化的认同感和自豪感。通过民族传统体育项目的学习，学生不仅能提升身体素质，更能深入理解和传承民族文化中的核心价值观，进而增强文化自信。随着数字化手段的应用，传统体育文化的传承和传播进入了新的阶段，推动了文化自信的广泛建设和提升。

二、社会多元文化需求

随着全球化进程的加快，现代社会变得日益多元化。各个社会群体对文化的认同和尊重已经超越了单一民族文化的界限。在这样的社会背景下，如何有效地促进不同文化之间的理解和交流，已经成为当今教育和社会发展中的重要议题。高校作为培养学生综合素质和能力的主阵地，具有不可忽视的作用。作为一种文化形式，传统体育蕴含的包容性和传播性，在多元文化的社会中发挥着重要的纽带作用。通过开发和推广民族传统体育文化资源，高校不仅能帮助学生提升文化认同感，还能增进他们对其他文化的理解与尊重，从而促进社会文化的融合与和谐。

（一）现代社会的多元文化需求

现代社会的文化多样性是全球化进程的产物，源于跨国文化交流、移民流动以及信息技术的迅速发展。随着世界各国之间的联系变得日益紧密，各民族和地区的文化逐渐交织和融合，社会成员的文化背景变得更加复杂多元。在这一过程中，不同文化间的相互影响和碰撞逐渐成为日常生活的一部分，带来了新的挑战和机遇。现代社会不再是单一文化的延续，而是多元文化的融合。

全球化推动了文化传播的速度和广度，信息技术的发展则为全球文化的交流提供了更加便捷的平台。从互联网到社交媒体，文化产品和思想观点的传播速度大大加快，各种文化形式的交融愈发显著。与此同时，文化认同、文化差异和文化包容性成为社会发展的核心议题。现代社会的多元文化需求既体现在对不同文化的接受与包容，也体现在对不同文化形式的尊重和欣赏。在此背景下，帮助学生培养跨文化交流的能力，增强他们对不同文化的理解与尊重，成为教育领域的重要任务。

高校作为文化交汇和创新的场所，承担着培养学生跨文化沟通能力和增强文化认同感的重要责任。民族传统体育作为一种富有地方特色和历史背景的文化形式，在现代多元文化社会中拥有重要的作用，不仅能丰富学生的文化体验，还能为学生提供一个平台，帮助他们更好地理解不同文化的价值观。

（二）民族传统体育的包容性与传播性

民族传统体育具有极强的包容性和传播性，这也是其能在多元文化社会中发挥重要作用的关键特点。这些体育项目不仅是某一民族的文化特色和精神象征,更是一种开放性的文化形式,能接纳和吸引不同文化的参与和交流。例如,武术不仅在中国广泛流传,随着时间的推移,也在世界各地的文化中生根发芽,成为全球广泛传播的体育文化形式之一。同样,跆拳道、柔道、空手道等传统体育项目,也在跨文化交流中受到不同民族的喜爱。

民族传统体育项目的包容性体现在它们传承本民族文化的同时,还吸纳其他民族和地区的元素。这种包容性使这些项目在全球范围内引发共鸣。通过举办国际体育赛事、文化节、展览等活动,来自不同文化背景的学生和群体可以共同参与和交流,增进彼此的理解与尊重。这些体育项目不仅是对个人体能的锻炼,更是文化和精神层面的交流。例如,武术中的"礼、义、仁、智、信"不仅强调身体技能的训练,也传达了深刻的哲学理念和道德观念。这些共同的文化价值观为跨文化交流提供了桥梁和纽带。

此外,传统体育项目所蕴含的价值观,如尊重、礼仪、合作与坚韧等,也能为跨文化交流提供共同的语言和平台。在多元文化的互动中,体育作为一种普遍的社会实践,能够超越语言、宗教和种族的界限,促进文化的理解和融合。

(三)高校在多元文化教育中的作用

高校作为多元文化教育的重要阵地,肩负着培养学生跨文化交流能力和文化认同感的重任。在现代社会,学生不仅需要掌握学科知识,还需要具备跨文化理解和沟通能力,这已成为全球化时代对教育的重要要求。高校通过开设民族传统体育文化课程,举办相关文化活动和比赛,可以为学生提供多元文化交流的实践平台,让学生在学习和实践中了解世界各地不同民族的文化。

通过这些活动,学生不仅能体验到不同民族的传统体育项目,还能深入了解这些项目所蕴含的文化和历史背景。民族传统体育的学习不仅是技能的培养过程,更是文化认同的塑造过程。学生在参与传统体育项目时,能身体力行地去感受并理解本民族文化的独特性,从而增强对自身民族文化的认同感。同时,学生也能通过这些活动学会尊重和理解其他民族文化,接受彼此的文化差异,在互动中培养包容心态。

在多元文化教育中,民族传统体育项目作为一种实践性很强的文化形式,能为学生提供跨文化理解的契机。学生通过参与体育活动,能突破语言和地域的限制,通过身体的互动体验,了解不同文化背景下人们的价值观、行为方式和生活习惯。这种文化交流和实践体验,有助于培养学生的全球视野和跨文化沟通能力,从而促进社会的文化融合和共识。

(四)民族传统体育对文化融合的促进作用

民族传统体育文化的推广和发展,不仅有助于增强学生的文化认同感,也能促进社会的文化融合。随着全球化的推进,各种文化形式不断交汇和碰撞,如何在多元文化的环境中实现和谐共存、相互尊重,成为现代社会面临的重要课题。民族传统体育文化作为一种具有包容性的文化形式,能在促进民族文化自信的同时,为文化交流提供平台,增进不同文化群体之间的理解与友谊。

高校通过开发和推广民族传统体育文化资源,可以通过组织各类体育赛事、文化交流活动和国际合作项目,推动不同文化背景的学生和社会群体之间的互动与合作。这些活动不仅有助于学生全面了解和体验其他文化,还能促进文化之间的深度交流与融合。通过这种文化交流,学生不仅能拓宽视野,提升跨文化沟通能力,还能更加珍视多元文化的价值,为未来的全球化社会做好准备。

此外,传统体育项目的学习与传播,能为学生提供更加广阔的国际交流空间。通过参与国际性的传统体育赛事、文化交流和合作项目,学生可以直接体验到不同文化间的碰撞与融合,感受到文化多样性带来的独特魅力。这种文化实践的机会,不仅能加深他们对民族文化的理解,还能激发他们对文化融合和共存的信心与热情。

民族传统体育在现代社会多元文化的背景下,具有广泛的传播潜力和深远的社会价值。高校通过将传统体育项目与多元文化教育紧密结合,能为学生提供一个包容与交流的平台,促进文化的理解和融合。在这个全球化日益加深的时代,传统体育项目不仅有助于增强学生的文化认同感,还能促进社会文化的多元共存和融合,为全球文化交流与合作贡献力量。

三、现代教育理念的落实

随着现代教育理念的不断发展,全面素质教育已逐渐成为教育体系的核心方向。以学术成绩为主的传统教育模式正在向更加全面、均衡的新型教育模式发展转变,后者更强调学生身心健康、品格培养及文化素养的提升。在这种背景下,民族传统体育文化的资源开发与推广,不仅是对传统文化的传承,更是落实现代教育理念的关键举措。通过民族传统体育项目的学习,学生不仅能够提升身体素质,还能在团队合作、责任感、文化认同等方面获得长足的发展，从而促进学生的全面素质提升。

（一）全面素质教育的目标与需求

全面素质教育的核心在于培养学生的综合素质，这不仅仅是学术能力的提高，更包括身体素质、心理素质、社交能力、文化素养等方面的均衡发展。现代教育理论强调，学生的个性发展、创造力、社会责任感和团队合作精神等非智力因素，和学术成绩同等重要。为了适应这个新要求，高校在教育过程中应当强化学生的综合能力培养，特别是在身心健康、文化传承、社会交往和团队协作等方面的提升。

在这一过程中，传统体育项目的作用不可忽视。它们不仅是体育教育的重要组成部分，还蕴含文化内涵和精神价值，能帮助学生塑造积极的心理素质、良好的行为习惯和丰富的文化认同。通过民族传统体育文化的学习，学生可以在实践中提高自身的文化素养和社会适应能力，实现身心协调发展。

（二）民族传统体育文化对学生全面素质的促进作用

民族传统体育文化的资源开发，正是顺应现代教育理念的一个重要途径。在传统体育项目的学习和实践中，学生能锻炼身体，提升体育技能和健康水平，更能通过与团队成员的合作，增强集体主义精神和团队协作能力。通过参与这些体育项目，学生不仅在身体素质上获得提升，也能在精神层面有所收获，如责任感、毅力、纪律性等重要非智力因素方面的培养，这些因素对学生的全面发展至关重要。

例如，学习传统武术不仅能帮助学生提升身体的柔韧性、力量和协调性，还能培养他们的心理素质，如专注力、自信心和自我控制能力。在这些项目的学习过程中，学生要通过不断的练习和挑战自我，突破身体和心理的极限，逐渐塑造出坚韧不拔的个性和积极向上的生活态度。

此外，许多传统体育项目本身富含文化哲学和道德观念。例如，武术强调"以德为先"，跆拳道强调"礼仪廉耻"，这些文化内涵在体育项目中得到了体现和传递。学生通过学习这些项目，不仅可以提升体育技能，还能增强文化认同，培养尊重他人、诚实守信、勇敢坚韧等积极的人格特质。

（三）团队合作与责任感的培养

传统体育项目特别强调集体合作和团队精神。例如，许多传统体育活动如集体舞蹈、摔跤、舞龙舞狮等，通常需要参与者在团队中共同合作，协调动作，互相支持。这种合作不仅帮助学生提升体育技能，更重要的是锻炼团队协作能力和集体主义精神。

通过参与传统体育项目，学生能在实践中学习如何与他人沟通协作、解决问题、共同应对挑战，这对于提升社会适应能力和职业发展具有重要意义。此外，传统体育项目的训练和比赛通常具有一定的规则性和纪律性，这种严格的训练方式有助于学生树立规则意识和责任感，促使他们在集体中承担自己的责任，并为集体的成功或失败负责。

（四）文化素养的提升与文化认同感的培养

现代教育不仅注重学生的知识与技能，更注重学生的文化素养和文化认同感。民族传统体育文化作为文化教育的重要组成部分，具有深厚的文化底蕴和精神内涵。在传统体育项目的教学中，学生不仅可以掌握基本的技能，还能理解和感受到其中所包含的历史、哲学和道德思想。

通过这些传统体育项目的学习，学生能深入理解本民族文化的独特性和历史价值，增强对自己文化的认同感和自信心。与此同时，学生对本民族文化的认同，也能帮助他们更好地理解和尊重其他文化，从而促进跨文化交流和社会和谐。

（五）民族传统体育文化的数字化与教育创新

随着科技的发展，数字化教学手段已成为教育创新的重要方向。高校在民族传统体育文化的教学中，可以利用虚拟现实（VR）、增强现实（AR）、数字化课程和在线学习平台等现代教育技术，增进互动体验，使传统体育项目的学习更加生动有趣。通过这些现代技术，学生可以在虚拟环境中体验传统体育的动作和技艺，打破地域和时间的限制，提升学习效果。

此外，数字化教学平台还可以帮助学生更好地理解民族传统体育项目背后的文化内涵，通过在线讨论、互动讲座和文化活动等方式，促进文化素养的提升。这种技术与文化结合的教学创新方式，不仅能使传统体育文化的教育更具吸引力和参与性，还能有效提升学生的文化素养和综合素质。

现代教育理念强调全面素质教育，而民族传统体育文化资源的开发正是落实这一理念的有力手段。通过学习民族传统体育项目，学生不仅能提升身体素质，还能在精神层面获得团队合作、责任感、文化认同等非智力因素的提升。这些项目不仅帮助学生发展全面的身体素质和心理素质，还能促进文化素养的提高，使其成为具有国际视野、跨义化交流能力和社会责任感的全面发展的人才。

四、国际化背景下的文化传播

在全球化日益深入的今天,民族传统体育文化的国际化与传播已经成为高校教育的重要任务。随着信息技术的飞速发展和全球文化交流的日益频繁,各国之间的文化交流逐渐成为国家间互动的重要形式。民族传统体育文化的国际化传播不仅能提升文化自信,还能增强国家的文化软实力,展示国家形象。高校作为知识传播和文化创新的重地,肩负着推动民族传统体育文化国际传播的责任。通过开展民族传统体育项目的国际交流与合作,高校能让世界更好地了解和欣赏中国传统体育文化,从而增强民族文化的全球影响力和认知度。

(一)全球化背景下民族传统体育文化的国际传播需求

全球化的浪潮正在重新定义文化交流的格局。在全球化的推动下,文化的传播已经不再局限于地理边界,跨国文化的交流和互动愈加频繁,全球各国的文化相互交融和互相影响。在这种背景下,民族传统体育文化的传播不仅是对本民族传统的保护和弘扬,也是进行对外文化交流的有效途径。承载着深厚历史、哲学和文化价值的中国民族传统体育文化具有极大的国际吸引力和传播潜力。

中国传统体育文化如武术、摔跤、舞龙舞狮等,蕴含了丰富的精神内涵和独特的文化符号。这些传统体育项目不仅是体育竞技,更是文化和哲学的体现,是文化自信的象征。将这些民族传统体育文化推向国际化的舞台,能使世界各国人民更全面地了解中华文化的独特魅力,从而增强中国文化的全球影响力。

在现代社会,体育不再仅仅是竞技活动,更是文化交流的重要平台。体育赛事、文化节和传统体育的展示日益成为国际间文化互动的重要内容。中国的传统体育项目,凭借其深厚的文化底蕴和独特的艺术形式,能在全球范围内产生广泛的影响。通过举办国际性赛事和文化交流活动,中国不仅能向世界展示其独特的文化,还能提升中国在全球文化舞台的认知度和影响力。高校作为教育和文化传播的前沿阵地,通过组织和参与国际化的民族传统体育活动,可以在推动文化交流和提升中国文化全球认知度方面起到重要作用。

(二)高校在民族传统体育文化国际传播中的角色

高校在民族传统体育文化的国际传播中扮演着至关重要的角色。作为知识的传播者和文化的传承者,高校不仅肩负着培养学生体育技能和文化素养的责任,同时也有义务将中国传统体育文化推广至国际舞台。高校通过积极利用国际交流平台,开展与世界各国高校的合作与互动,能帮助世界各国更好地了解中国的传统体育文化。

具体而言,高校可以通过组织国际赛事、文化节和交流活动等形式,向国际社会展示中国传统体育项目。通过这些活动,世界各地的学生和文化团体能够在互动中体验和了解中国的传统体育项目,从而增强对中国文化的认知和理解。这不仅能提升传统体育项目的国际影响力,还能促进中外文化的深度融合,增强中国文化的全球认同感。通过这种文化传播,中国能在全球化的背景下塑造更加积极、开放的国家形象。此外,国际交流能让学生和教师在跨文化的互动中加深对自己民族文化的认识,提高其跨文化沟通能力,推动全球文化的相互理解与尊重。

(三)国际赛事与文化交流活动的推动作用

国际赛事和文化交流活动是推动民族传统体育文化国际传播的重要途径。通过举办国际赛事,传统体育项目能在全球范围内展示其独特的文化魅力和竞技价值。以武术为例,作为中国传统体育的代表性项目,武术在全球范围内具有较高的声誉,吸引着大量来自不同国家和地区的人们前来学习和交流。因此,高校可以通过主办或参与国际武术比赛,提供平台,让世界各地的学生和公众亲身体验和了解这一传统体育项目,从而为中国民族文化的传播打下坚实的基础。

此外,高校还可以通过文化交流活动,如传统体育文化讲座、表演、研讨会等,向世界展示中国民族体育文化的丰富内涵和独特价值。在这些活动中,国际学生不仅能学习到中国传统体育的技巧和知识,还能深入了解这些项目背后的文化背景和历史意义。通过这种形式的交流,国际社会对中国传统文化的兴趣和理解将会进一步加深,从而提升中国文化在全球范围内的软实力和影响力。

(四)展示中国文化软实力与提升国际形象

民族传统体育文化的国际传播不仅能展示中国的文化魅力,还能提升国家的文化软实力。文化软实力是国家影响力的重要组成部分,它不仅体现在文化产品的吸引力,还包括一个国家在全球范围内所塑造的文化形象。随着全球化的深入,文化软实力在国家竞争力中占据着越来越重要的地位。通过民族传统体育文化的传播,中国不仅能够让世界更好地理解中华文化,还能树立起更加积极、开放和包容的国家形象。

通过国际赛事和文化活动的推动,高校能展示中国在传统体育领域的深厚底蕴,提升国家文化在全球的认知度。民族传统体育项目作为文化传播的重要载体,能帮助其他国家和地区的民众更深入地了解中国的文化特色,进而在世界范围内传播中国的思想和哲学。这种文化传播不仅增强了中国文化的吸引力,也有助于推动全球文化的多元共存与共荣,为国际文化交流提供新的平台。

在全球化日益加深的背景下,民族传统体育文化的国际传播显得尤为重要。高校作为文化传承的主力军,通过组织国际赛事、文化交流活动等,能推动民族传统体育文化的全球传播,增强国家的文化软实力,并提升国际形象。通过加强国际交流与合作、建设全球平台、利用数字化手段等方式,高校可以有效地促进中国传统体育文化的全球认知与传播,助力文化多元化与社会和谐。

第三节 高校民族传统体育文化资源开发的困境归因

一、缺乏系统的政策支持

尽管国家对民族传统文化的保护和发展已经给予了一定的政策支持,但在高校层面,这些政策的落实情况却不尽如人意。在民族传统体育文化资源的开发过程中,高校往往缺乏统一的政策指引和实施细则,导致传统体育文化的教育和传承存在不小的困难。尽管一些高校已经开始重视民族传统体育的课程设置和活动组织,但由于缺乏系统的政策支持和有效的管理措施,许多民族传统体育项目在这些学校里仅停留在象征层面,难以形成长期、稳定的教育模式。这种局面不仅制约民族传统体育文化在高校中的全面推广,也影响其在社会中的传承与发展。

(一)国家政策支持的不足与落实问题

近年来,国家在保护和发展民族传统文化方面出台了许多政策措施,尤其在文化遗产保护和民族文化传承方面,国家层面的支持力度逐步加大。这些政策为民族传统体育文化的传承和发展提供了理论指导和资金支持,展现了政府对文化遗产和民族传统的重视。然而,尽管在政策层面已有较为充分的支持，在具体的高校实施层面，民族传统体育文化的政策落实仍存在不少问题。

首先，政策的内容较为宽泛，没有明确的实施细则。在具体的操作过程中，相关的高校和教育机构往往缺乏足够的指导和明确的行动框架。例如，尽管有政策要求高校传承和推广民族传统体育文化，但并未就如何进行具体教学、如何配置教学资源以及如何持续发展等方面提供详细的实施方案，导致高校在落实政策时缺乏切实可行的操作路径，很多项目在执行过程中只能依赖各个高校的主观能动性。

其次，虽然部分高校获得了国家提供的资金支持和资源投入，但这些资源往往是分散的、短期的，缺乏长期规划和系统支持。例如，一些高校可能通过短期的文化节、比赛等活动获得资金支持，但这些资金更多用于即时的展示或活动，而未转化为长期有效的教育资源投入。高校对民族传统体育项目的重视程度也存在差异，有些学校将其视为边缘项目，仅在特殊节庆时展示，并没有将其加入课程体系，项目的持续性和深度受到限制。

（二）高校在资源配置与课程设置上的缺乏规范性

在高校层面，民族传统体育项目的资源配置和课程设置普遍缺乏统一的规范和标准。尽管许多高校已经开设了相关的民族传统体育课程，但这些课程往往处于非正式课程或课外活动的层面，缺乏系统化的课程体系与教学大纲。许多民族传统体育文化项目没有被纳入正式的学科课程中，学生往往只能通过选修课或课外兴趣小组接触这些项目，造成民族传统体育教育在很多学校处于碎片化状态，难以形成完整的教育体系。

由于缺乏长期规划和稳定支持，许多民族传统体育项目只是短期活动的一部分，尤其在节庆和文化活动中才得到展示，未形成深入的教学内容和持续的课程体系。高校设置这些课程时，通常更关注短期效果和活动的吸引力，忽视了如何将其纳入日常教学，如何让学生在长期的学习过程中逐渐掌握和理解这些项目。因此，民族传统体育课程缺乏一定的连贯性和教学深度，无法培养学生对传统体育文化的长期兴趣和深入理解。

此外，一些高校虽然拥有一定的民族传统体育资源，但由于缺乏统一的政策指导和资金保障，这些资源常常是零散的，无法形成有效的集成和利用。不同院校之间在资源配置上的差异，也导致传统体育项目的发展不均衡，部分学校甚至无法开展民族传统体育教育。

（三）政策支持与实践的脱节

尽管国家层面对民族传统体育文化的保护与传承提供了一定的政策支持，但在实践层面，政策的落实与高校的具体需求之间存在脱节。许多高校虽然在政策的支持下开展了一些传统体育文化活动，但往往没有有效利用国家政策提供的资源，或者对相关政策缺乏足够的认知和理解，导致政策实施效果有限。

具体来说，一些高校在开展民族传统体育项目时，仍然依赖传统的体育教育资源和教学方式，未能根据自身的具体需求进行创新性的整合与应用。许多高校的体育课程仍然以通用的运动项目为主，民族传统体育项目的开发与实施往往处于边缘地位，未形成系统化的教学和传播模式。此外，部分高校在落实民族传统体育文化教育时，缺少专门的组织机构和实施团队，导致政策支持没有转化为具体的实践成果。在缺乏明确政策导向的情况下，高校往往会出现投入不足、资源浪费和缺乏持续性的现象，使民族传统体育项目的实施效果大打折扣。

（四）传统体育文化教育的象征性与短期化

由于缺乏系统的政策支持和稳定的资源投入，许多高校的民族传统体育项目仅象征性地停留在活动层面。尽管有些学校会定期举办传统体育赛事和文化活动，如武术比赛、民族舞蹈表演等，但这些活动往往只是形式上的展示，并没有形成系统化的教学内容和长期的教育规划。这些活动大多依赖学生的兴趣和志愿参与，缺乏长期的、系统的课程体系支撑，因此无法形成规模化的教学模式。

这种象征性的活动形式存在较大的局限性，传统体育项目未能通过系统性的教学内容和长期的培养计划，融入学生的日常学习生活中。由于这些活动没有持续性和长期性，学生对传统体育项目的兴趣往往仅限于短期活动，无法延伸到日常教学和文化体验中。更重要的是，传统体育项目未成为学校教育中稳定且重要的一个组成部分，未能发挥其在提升学生全面素质、增强文化认同感、传承民族精神等方面的潜力。

目前，尽管国家在民族传统体育文化的保护和发展方面出台了政策，但在高校层面，政策落实依然存在诸多问题。政策内容的宽泛性、资源的短期化、课程设置的局限性，以及政策与实践的脱节等，导致民族传统体育项目未能形成系统化、长期化的教育体系。高校应当进一步明确政策实施的细则，整合资源，建立长远的规划，并将民族传统体育项目纳入正式的教育体系，这样才能真正发挥其文化传承和教育功能。

二、文化资源的流失与断层

传统体育项目作为民族文化的重要组成部分，不仅承载着丰富的历史与文化内涵，也是社会精神和集体记忆的传递载体。然而，随着社会的变迁、人员流动和现代化进程的推进，许多民族传统体育项目面临严重的传承危机。尤其一些地方性的传统体育项目，由于缺乏系统的传承机制和专业化的教育模式，导致传统体育资源的流失和教学的中断。在高校教育中，传统体育项目的传承面临诸多挑战，尤其是在没有有效传承机制的情况下，民族传统体育的持续发展显得尤为困难。

（一）传承人短缺与传统体育项目的断层

传统体育项目的传承与发展通常依赖于经验丰富的传承人和专业人才。传承人不仅需要具备深厚的技艺和知识积淀，更需要将项目背后的文化内涵、历史渊源以及精神理念传授给下一代。随着社会的变迁和人员流动，传统体育项目的传承面临着严重的断层问题，尤其是在一些地方性民族传统体育项目中，传承人短缺成为制约项目延续的重要因素。

许多传统体育项目的传承方式依赖师徒制或口传心授的方式，这种传统的教学模式虽然保证了技艺的传承，但也容易受到时代变迁和社会发展的影响。年轻一代缺乏对这些项目的关注和学习兴趣，导致许多经验丰富的传承人逐渐退休或离世，而新的接班人却未能及时培养。由于这些项目的传承往往没有规范的教学体系和制度保障，一旦原有的传承人退出，缺乏后继者的项目就会逐渐被边缘化，甚至消失。传统体育项目的断层不仅限制了传统技艺的传递，也造成深厚文化资源的流失。这种情况对民族文化的长远发展具有不可忽视的影响。

（二）地方性传统体育项目的忽视与流失

许多地方性的民族传统体育项目因其地理、文化和历史背景的局限，往往未能获得足够的关注和支持。这些项目虽然有极高的地方文化价值，但由于缺乏统一的政策推动和系统的教育机制，其资源和传承渠道十分脆弱，容易受到现代化、城市化进程的影响而逐渐消失。尤其是在高校中，地方性传统体育项目往往没有得到应有的重视，未纳入专业化的教育体系，缺少长期规划和可持续发展的策略。

一些地方性的民族传统体育项目虽然在高校中设有相关课程，但这些课程的教学质量很不理想。学校通常依赖地方传承人或外部专家来授课,这些传承人的数量和教学资源有限,且大多是兼职或非正式教师。这样的情况使得项目教学难以形成系统性、稳定性和连续性的培养过程,许多地方性项目在教学中的地位低,往往只是偶尔的活动或节庆展示,无法形成稳定的教育体系和长期的文化传承。没有统一的课程大纲和教学模式,导致地方性传统体育项目缺乏深度的教学内容和专业的教师支持,最终造成项目的流失。

（三）高校在传承机制中的薄弱作用

高校在民族传统体育项目的传承和发展中扮演着至关重要的角色,作为文化传承和创新的前沿阵地,高校应当发挥其独特的功能,推动传统体育项目的教育和传播。然而,目前许多高校缺乏有效的传承机制,未能为民族传统体育项目的持续发展提供足够的支持。许多高校在设置民族传统体育课程时,往往停留在较浅的层次上,缺乏深度的课程体系和符合传承需求的教学方法。

首先,许多高校未建立起系统化的民族传统体育课程体系。课程设置通常是零散的,缺乏连贯性和长期性。学生在学习传统体育项目时,往往只接触到表面的技能训练,缺乏对项目背后文化深度的理解和系统性的技能培养。课程内容过于碎片化,学生无法形成对传统体育的全面认识和实践能力。其次,许多高校的民族传统体育项目未纳入正式的学科课程体系,往往只是以选修课或课外活动的形式存在,缺乏长期规划。传统体育项目未成为高校教育体系的重要组成部分,只有短期、偶然的活动方式,不能发挥其在文化传承和全面素质教育中的潜力。

（四）文化资源流失对社会的影响

民族传统体育文化的流失,不仅仅会损害单一项目的发展,还会对整个民族文化的传承和延续产生深远的影响。民族传统体育项目不仅仅是技艺的传承,还承载着民族的历史、价值观念和集体精神。如果这些项目未能得到有效传承和推广,它们所承载的文化内涵将逐渐被遗忘,造成文化的遗失和断层。这种文化资源的流失,不仅削弱了民族文化的多样性,也会对国家的文化自信产生负面影响。

传统体育项目所蕴含的文化和精神价值,是国家文化自信的重要组成部分。如果这些项目未能得到有效传承,国家的文化自信将受到打击,民族的凝聚力和认同感也将逐渐消散。对社会来说,民族传统体育项目的传承不仅仅是文化保护的问题,更是社会责任的问题。高校应当承担起更多的责任,不仅在体育技能的教学上提供支持，更应当在文化认同和责任感的培养上发挥作用，激发学生对民族文化的自豪感和责任感。

高校可以通过建立系统化的课程体系、持续的项目推广规划以及有效的传承机制，确保传统体育文化在新的时代背景下得到继承和发展。通过文化传承教育，学生不仅能学习传统体育的技能，还能深入理解其背后的历史文化，进而激发他们对民族文化的尊重与认同。民族传统体育的传承不仅有助于锻炼学生的身体素质，还能培养他们的文化认同感和社会责任感，从而实现民族文化的可持续发展和繁荣。

民族传统体育文化的传承面临多重挑战，尤其是传承人短缺、地方性项目的忽视、高校在传承机制中的薄弱作用等问题，严重制约了传统体育项目的持续发展和文化的传承。为了保护和传承民族传统体育文化，必须加强传承人的培养和资源的整合，推动高校在民族传统体育课程设置和教学方法上的创新，提升其在文化传承中的作用。同时，社会和高校也应承担起更多的责任，通过系统化的教育体系和长期的发展规划，确保民族传统体育文化在当代社会得到有效传承，推动文化的多元共存和文化自信的构建。

三、现代化进程与传统文化的冲突

随着社会的现代化进程不断推进，学生的兴趣、需求和学习方式也发生了显著变化。在现代教育和娱乐的背景下，学生越来越倾向于参与现代体育项目，如篮球、足球等，因这些项目不仅具备较高的竞技性、娱乐性和社交性，而且更符合年轻一代对快节奏和高强度活动的需求。相比之下，传统体育项目由于其相对陈旧的教学方式、较高的学习门槛和较为单一的娱乐性，逐渐被学生忽视。这种现象导致传统体育项目在现代教育体系中的适应性不足，从而形成了现代化进程与传统文化之间的冲突。

（一）学生兴趣的转变与现代化体育项目的吸引力

随着现代社会的快速发展，教育和娱乐的核心越来越围绕着效率、刺激和互动展开。在体育项目中，现代化体育项目如篮球、足球等，由于高强度的身体对抗、团队互动性和即时反馈，吸引了大量学生的参与。这些项目不仅能满足学生的娱乐需求，还能提供即时的反馈和成就感，使学生在较短时间内看到自己的进步和成果。这种高频次的成功体验激发了学生的兴趣，促使他们不断投入更多的时间和精力，从而加深了他们对这些项目的依赖和热爱。

与现代体育项目的吸引力相比,传统体育项目如武术、摔跤等虽然有深厚的文化底蕴和精神内涵,但其学习过程通常较为烦琐,需要较长时间的积累和训练才能看到成果。许多学生在学习压力较大的情况下,对这些需要长时间训练的项目,缺乏足够的耐心和兴趣投入。传统体育项目的学习方式通常比较单一,教学周期长且见效慢,这也使得许多学生在面对短期内可见成效的现代体育项目时,往往选择后者。因此,传统体育项目缺乏足够的吸引力和学生的关注,导致参与度严重不足,面临较大的挑战。

(二)传统体育项目教育模式的滞后性

许多传统体育项目的教育模式和内容,未能及时跟上现代教育的步伐,缺乏对学生需求和现代教育理念的有效对接。现代教育强调互动性、创新性、实践性和个性化,而许多传统体育项目的教学模式仍然停留在传统的示范和模仿教学方式上,缺乏对教学手段的创新和更新。这种模式不仅局限了学生的学习方式,也限制了学生兴趣的培养和技能的提升。

传统教学模式通常侧重于技能的反复训练,学生往往被要求模仿和重复相同的动作和技巧,忽视学生的主动参与、创造性思维和对项目文化内涵的深度理解。这样的教学方法难以引发学生的持续兴趣,尤其是在追求娱乐性和个人发展的现代教育背景下,单一的技术训练明显缺乏吸引力。

此外,许多高校的传统体育课程通常仅为选修课或课外活动形式,未纳入正式的学科课程中,课程设置零散,缺乏系统性规划。虽然学生可以自由选择参加,但传统体育项目较为边缘化,未形成从基础到进阶的完整学习路径。因此,传统体育项目的教育模式难以满足学生对体育项目的全面需求,尤其是在娱乐性、实用性和文化认同感等方面。

(三)传统体育项目文化价值的忽视与创新不足

传统体育项目蕴含着丰富的文化价值和精神内涵,然而许多教育系统中的传统体育项目却忽视了这些文化层面的传递和创新。项目的文化价值,如武术中的"天人合一"、跆拳道中的"礼仪廉耻"等哲学思想,往往在教学中没有得到充分的呈现,导致学生无法深刻理解这些项目的精神内涵和文化根基。传统体育项目的教学通常更加注重技艺的传授,忽视文化的渗透和精神的培养,导致学生在学习过程中仅仅停留在技术层面,无法深入体验这些项目所代表的文化价值。

在现代教育背景下,学生的兴趣已经不再单纯局限于体育技能的提升,更加倾向于从体育活动中获得多层次的价值体验,包括精神内涵、文化认同、团队精神等。传统体育项目如果无法有效响应现代教育需求,进行文化内涵的再造和创新,就难以在学生中产生广泛的共鸣和认同。因此,传统体育项目必须加强与现代教育理念的对接,注重创新和文化价值的传播,才能更好地满足学生对多元化、综合性的需求。

(四)传统体育项目与现代教育娱乐需求的脱节

现代教育不仅仅要求学生在学术方面取得成就,还非常注重学生的身心健康、团队合作精神和文化素养等方面的全面发展。然而,传统体育项目往往存在形式单一、教学方式较为传统的问题,难以与现代教育中的娱乐需求和学生的兴趣保持同步。随着时代的发展,学生更倾向于参与富有竞技性、娱乐性和互动性的体育项目,而现代体育项目的多样性、快速反馈和高参与度远远超过了传统体育项目所能提供的体验。

传统体育项目的教学内容和形式相对固定,缺乏创新性和趣味性,许多学生很难在其中找到持续的兴趣点。现代教育强调课堂内容的趣味化、教学方式的互动性以及实践的多样化,但传统体育项目的教学仍然以单纯的示范与模仿为主,缺乏足够的互动环节和参与感。这种教育形式与学生在现代教育中对娱乐性、参与感和个性化需求之间的脱节,导致许多学生对传统体育项目缺乏认同感和持续的参与动力。

现代教育需要以更加包容的方式满足学生的多元需求,传统体育项目也必须紧跟时代的发展,融入更多的创新元素,并且通过改进教学方式、丰富课程内容和增加互动性来激发学生的兴趣,使其真正融入学生的日常学习生活中,提升其文化价值和社会认同感。

传统体育项目面临的挑战主要体现在学生兴趣的转变、教育模式的滞后、文化价值的忽视以及与现代教育需求的脱节等方面。现代学生的娱乐需求日益多元化,传统体育项目若不能在教育模式、教学内容和文化创新方面进行有效调整,将难以吸引学生的持续参与和兴趣。为了确保传统体育项目在现代教育中的持续发展和有效传承,必须在教学方法、课程体系和文化价值传递等方面进行创新,与现代教育理念相结合,提升其娱乐性、实用性和文化认同感,从而实现传统体育项目的复兴与传承。

四、缺乏有效的推广渠道

尽管民族传统体育文化具有较强的包容性和传播力,但在现代社会中,许多传统体育项目的推广渠道仍然较为单一,缺乏现代媒体和传播手段的有效运用。传统体育项目通常依赖课堂教学和校内活动进行推广，但这些方式的覆盖面和影响力较为有限，不能充分发挥现代网络平台和社交媒体的传播优势，导致民族传统体育项目未能在社会上形成广泛的影响力。缺乏多元化、有效的传播渠道，限制了这些项目文化的传播深度和广度，也导致其难以在更广泛的社会群体中获得足够的认知与认可。

（一）传统体育文化推广渠道的局限性

传统体育项目的推广往往局限于课堂教学和校内活动，这些活动受限于时间、地点和参与人员的局限，无法广泛触及社会的更广泛层面。尽管在一些高校和社区中，传统体育项目有一定的实践和推广，但这些活动大多数是局部的、区域性的，难以跨越地域限制，影响力有限。例如，一些地方性的民族传统体育项目，如地方特色武术、传统摔跤等，通常只在本地社区或学校内推广，难以走出地域的界限，甚至难以与外部文化有效对接，导致其无法在全国范围内或国际社会中得到广泛的认知和认可。

与此同时，传统体育项目的推广方式通常较为传统，往往依赖线下的展演、讲座和赛事活动，且这些活动多局限于固定的时间、地点和形式，相较于现代数字化传播手段显得较为单调和低效。在当前信息传播高速发展的社会环境中，传统文化项目不仅需要依赖传统传播形式，更需要结合现代科技手段与新兴传播平台进行有效推广，以增强其传播的广度和深度。因此，传统体育文化在跨地域和跨文化传播方面的局限性，是阻碍其广泛传播和普及的主要原因。

（二）现代媒体运用的缺乏

随着信息传播技术的不断进步，现代社会越来越依赖数字平台和社交媒体。然而传统体育项目在这些现代传播平台上的运用仍显不足，难以充分利用这些渠道的潜力。虽然一些高校和文化机构会通过传统媒体，如地方电视台、广播等进行宣传，但覆盖面较为狭窄，受众群体有限，未能充分利用互联网和社交媒体的优势。

社交媒体和网络平台，如短视频平台、微博、微信等，作为当今最为普及的传播工具，能迅速吸引大量的观众关注，同时借助其互动性和分享性，形成持续的热度和影响力。然而民族传统体育项目在这些现代平台上的传播仍然较少，一方面，缺乏具备现代传播理念和技能的专业人才来运营和管理这些平台；另一方面，部分传统体育项目未能在互联网平台上形成有效的内容创作和互动机制。因此，尽管传统体育文化具有强大的传播潜力，但未能有效结合现代媒体和网络平台，导致其传播效果和社会影响力受到制约。

（三）社会影响力和公众认知的不足

由于传统体育项目的推广渠道过于单一，许多项目未能在更广泛的社会层面上形成有效的影响力。许多民族传统体育项目尽管在一些区域和局部范围内获得了一定的认可，但在全球化和信息化的社会环境中，这些项目的知名度和影响力仍然相对较弱。例如，中国的武术在全球范围内已经取得了较为显著的影响力，但如果不通过现代传播渠道进一步推广，其影响力的深度和广度仍然会受到很大的限制。传统体育项目的国际传播与全球认知的提升，有赖于更广泛的现代化传播手段，如社交媒体平台、网络直播、短视频和数字内容的创作与传播。

此外，公众对传统体育项目的认知度和兴趣普遍较低。大多数人对传统体育项目的了解往往仅限于那些高知名度的项目，如中国功夫、跆拳道等，而对于一些地方性、较为冷门的传统体育项目，公众几乎没有了解和认知。因此，如何通过现代传播手段提升社会公众对民族传统体育项目的认知，增加其社会影响力，是当前文化传播面临的重大挑战之一。有效的宣传和推广方式能够让更多人了解这些传统项目背后的文化价值，进一步促进传统文化的传承与发展。

（四）现代传播手段与传统体育项目的结合不足

传统体育项目的推广不仅是传播项目本身，还要传播项目蕴含的文化和精神。民族传统体育项目不仅代表着技能的学习，更承载着民族精神、文化理念和历史传统。因此，现代化的传播手段和平台应当与传统体育项目的文化价值进行深度融合，而不仅仅是形式上的展示。目前，大多数传统体育项目的网络推广仍停留在展示技能和活动宣传层面，缺乏对文化背景、哲学思想和历史渊源的深入探讨。许多关于武术、跆拳道等项目的网络内容，多侧重于技巧展示和动作分析，而很少涉及项目背后的文化背景、哲学思想及历史渊源。

这种片面的传播方式，导致传统体育项目的文化内涵未能得到充分体现，也限制了外界对其精神和文化价值的全面理解。例如，武术中的"天人合一"、跆拳道中的"礼仪廉耻"等哲学思想如果没有在传播中得到体现，人们对于这些项目的认知就会仍然停留在表面的技能层面，无法深入感受这些项目背后蕴含的文化价值和精神内涵。因此，如何将现代传播手段与传统体育项目的文化价值深度融合,是当前文化传播的一项关键任务。

通过与现代传播手段的结合,传统体育项目可以更加生动、有趣地展现其文化内涵,进而在全球范围内形成更广泛的认同和影响力。创新的传播方式不仅能展示传统体育项目的技巧和运动本身,还能更好地传递其背后的文化精神,使这些项目在现代社会中焕发出新的生命力,推动其在全球范围内的传播和认同。

传统体育项目的推广还面临着诸多挑战,包括推广渠道的局限性、现代媒体运用的欠缺、社会影响力不足以及与现代传播手段的结合不足等问题。要想有效推动传统体育文化的传播和传承,就必须结合现代科技手段和传播平台,利用互联网、社交媒体等数字工具,形成多元化、互动性强的传播模式。通过创新内容创作、文化的深度解读和跨文化交流,民族传统体育项目可以在全球范围内扩大影响力,提升社会认知度和文化认同感,为全球文化的多元发展贡献力量。

第三章 高校民族传统体育文化资源开发的基本内容

高校民族传统体育文化资源的开发是推动民族文化传承、提升学生综合素质的重要举措。有效的资源开发能让学生在掌握传统体育技巧的同时，更好地理解和热爱民族文化。在这一过程中，需要明确核心要素、目标定位、基本原则和主要方法，确保民族传统体育文化资源在高校教育体系中的长远发展与广泛传播。

第一节 高校民族传统体育文化资源开发的核心要素

一、体育项目与技艺的传承

高校在民族传统体育文化资源的开发过程中，首要任务是确保传统体育项目和技艺的传承。这些传统体育项目，如武术、摔跤、舞龙舞狮等不仅是体育活动，更承载了深厚的历史文化背景与民族精神。传统体育项目蕴含着丰富的文化内涵，能展现一个民族的发展历史和价值观。高校应当通过系统化的教学和专业化的传承机制，确保这些项目在现代社会中继续传承下去。同时，高校还应当鼓励创新和发展，以确保传统体育项目在当代焕发新的生命力。

（一）传统体育项目的文化价值与教育意义

民族传统体育项目不仅仅是身体活动，也是各民族文化的重要组成部分，蕴含着丰富的历史、哲学和精神内涵。这些传统体育项目常常与民间信仰、生活习俗以及民族精神紧密相关，承载着独特的文化价值。例如，武术作为中国传统体育的重要代表，不仅是一项身体技能，还融入了儒家和道家思想。这些文化内涵使武术具有深刻的精神价值。武术中的每一招、每一式，都包含了对内心修炼、自然和谐以及人与人之间相互尊重的深刻理解。类似地，摔跤、舞龙舞狮也不仅仅是竞技和娱乐，还蕴含着团结、勇敢、坚韧等精神品质，体现了传统文化的精髓。

传统体育项目的传承不仅仅是技艺的传授，更是文化价值的传播。通过学习这些项目，学生不仅能掌握相应的技术和技能，还能深入了解背后的文化内涵，进而增强文化自信和民族认同感。例如，武术的教学不仅让学生学习到动作技巧，同时也让他们理解和感受武术所代表的武德精神、爱国精神和自强不息精神。因此，高校应将民族传统体育项目的教学作为文化教育的重要组成部分，帮助学生通过亲身实践体验传统文化，培养他们对民族精神的认同和对文化遗产的尊重。通过这样的教学模式，学生不仅学到技能，也在无形中汲取了民族精神和营养，强化他们的文化认同感和责任感。

（二）系统化教学与传承机制

为了确保民族传统体育项目得到有效传承，高校必须建立系统化的教学模式和长期稳定的传承机制。传统体育项目的教学不应仅仅停留在基础技能的传授上，而应形成从基础到高级的完整课程体系，涵盖理论知识与实践技能。课程体系的建设应考虑学生的年龄、技能水平及其文化背景等因素，让学生从简单到复杂地逐步掌握技能，并在这个过程中深刻理解项目的历史背景和文化价值。

在这个过程中，高校还可通过设立专业课程、组织讲座、邀请传承人教学等方式，引导学生更好地理解和学习传统体育项目。教师不仅需要具备扎实的传统体育技能，还应具备相关的文化素养和教育能力，能有效地将项目的文化内涵传递给学生。例如，武术教师不仅要教授动作和套路，更应向学生传授武术所代表的哲学思想、历史渊源以及对人类文化的贡献。为了保证这些技能和文化的传承，高校还可以建立专业的师徒传承关系，将经验丰富的传统体育项目传承人引入课堂教学。通过这种方式，传统体育项目能通过一代代的教师和学徒传递下去，确保其技巧技术和文化内涵不会流失。

（三）鼓励创新与发展

尽管民族传统体育项目具有深厚的历史背景和文化积淀，但在现代化的教育和社会环境中，仅仅依赖传统的教学和传播方式可能无法满足学生的兴趣和社会的需求。因此，高校应当鼓励在传承的基础上创新和发展，使传统体育项目更具现代性和时代感。创新不仅能让传统体育项目保持活力，还能更好地适应现代社会的需求，使其在全球化的背景下焕发新的生机。

创新的方向可以是多方面的。例如，在教学方法上，可以引入现代化的技术手段，如 VR、AR 等，提升学生的学习体验，增强互动性。通过这些技术手段，学生不仅能通过真实的动作演示和虚拟环境进行互动，还能获得更具沉浸感和实操感的学习体验。在项目形式上，可以结合现代体育元素进行改良和创新，使其更符合当代年轻人的兴趣和需求。例如，传统武术可以与现代的健身运动相结合，设计出既保留传统动作又兼具现代健康功能的课程内容。在文化传播方面，高校可以通过社交媒体、网络平台等现代传播渠道，增强项目的传播力和影响力。通过这些渠道，传统体育项目不仅能在国内得到推广，也能跨越国界，在国际社会产生更大的影响力。

通过这些创新和发展，传统体育项目不仅能保持其文化特色，还能迎合现代社会的需求，成为连接过去与未来的文化桥梁。高校在传承的基础上，应该勇于探索和实践，积极推动传统体育项目的现代化进程，使其在保持原有魅力的同时，不断推陈出新，满足时代发展的需求。

传统体育项目在文化教育中的作用不可忽视，是民族文化传承和价值观传播的重要载体。为了使传统体育项目在现代社会中得到更好的传承和发展，高校需要建立系统化的教学模式，培养具有文化素养的教师，推动课程内容和传播手段的创新。在全球化背景下，传统体育项目通过创新和现代化传播手段，不仅能在国内继续传承，也能向全球传播，形成更广泛的文化认同感和社会影响力。

二、文化内涵与精神价值的传递

民族传统体育项目不仅仅是身体技能的培养，更是民族文化和精神价值的重要载体。每个传统体育项目背后都蕴含着丰富的文化内涵和精神价值，这些文化元素和理念不仅是体育技能的延伸，更是塑造学生品格、提升文化认同的重要途径。比如，武术中的"天人合一"理念、摔跤的坚韧不拔精神等，都是民族文化的重要精髓，代表了中华民族对人与自然、人与人之间关系的独特理解。高校应当在教学中注重对这些文化内涵和精神价值的讲解与诠释，结合体育教育，让学生在学习体育技能的同时，深刻理解和吸收这些深刻的文化智慧与价值观。

（一）传统体育项目背后的文化精髓

民族传统体育项目不仅强调技巧和竞技，它们所传递的文化精髓也贯穿始终。例如，中国的武术不仅是一种身体训练方式，还蕴含着"天人合一"的哲学思想，强调人与自然的和谐与共生。在武术的练习中，学员不仅锻炼身体,还通过动静结合、心法体合的方式,感悟自然规律与人类智慧的结合。跆拳道的"礼仪廉耻"理念,不仅是技能训练的要求,更强调尊重、谦逊和诚实的道德规范。这些文化内涵,不仅体现在体育技能的学习中,更通过每一招每一式的练习和比赛,潜移默化地影响着学生的思想和行为。

因此,高校应当注重将这些精神价值融入体育教学中,不仅教授学生如何打拳、如何摔跤,更要通过课堂讲解、文化活动等形式,帮助学生理解和体验这些文化精髓。只有在理解这些精神价值的基础上,学生才能将其转化为自己行为的指南,形成更加丰富的人格和价值观。

(二)体育教育与文化教育的结合

民族传统体育的教学,不应仅停留在技术层面,更应融合文化教育,使其成为学生全面素质教育的一部分。高校应通过系统化的课程设计,结合体育技能训练,向学生传授背后的文化理念。

高校还可以通过课程中的文化讲座、座谈会等形式,深入挖掘和阐述民族传统体育项目背后的哲学思想、道德价值和社会意义。通过理论与实践相结合的方式,帮助学生建立起对传统体育项目的深层次理解,将体育技能的学习与文化智慧的吸收融为一体,提升学生的整体素质和文化认同感。

(三)培养学生的文化认同感与价值观

民族传统体育项目的学习目标,不仅是培养技能,还有塑造文化认同感。通过学习和理解传统体育项目中的文化内涵,学生能深刻认识到这些项目所承载的民族精神和文化价值,从而增强对本民族文化的认同感和自豪感。例如,中华武术不仅是中国传统文化的重要组成部分,它还代表了中华民族坚韧不拔、勇敢无畏的精神。通过学习武术,学生不仅锻炼身体,更能理解其背后的精神价值,激发自己奋发向上的动力。

与此同时,学生学习传统体育项目还能够培养团队合作、尊重他人、遵循规则等重要价值观。体育教育中的文化价值观教育,帮助学生树立正确的人生观、价值观和社会责任感。通过这些体育项目的学习,学生在学习技能的同时,在内心深处种下了尊重文化和传承的种子传统。

(四)文化价值的跨文化传播

民族传统体育文化不仅是国内学生文化认同的重要资源,它还可以作为文化交流的桥梁,促进跨文化理解和全球传播。随着全球化进程的加速,传统体育项目不再局限于本民族和本国范围,许多传统体育项目已经走向国际舞台。例如,武术、跆拳道、柔道等项目在全球范围内得到广泛传播,越来越多的外国学生开始接触并学习这些体育项目,这不仅促进了体育技能的交流,更促进了不同文化之间的理解和认同。

高校应当在教学中强化传统体育项目的文化内涵,培养学生的文化传播意识。通过国际化的体育赛事和文化交流活动,传统体育项目可以帮助学生了解并尊重不同文化,同时也可以培养他们成为文化交流的使者,推动民族传统体育文化在全球范围内的传播和传承。高校不仅仅是传统体育项目的教育场所,还是文化传递和文化认同的培养基地。

（五）文化传承的创新与适应现代需求

在确保传统体育项目传承和发展的同时,必须适应现代教育和社会的需求,不断进行创新。传统体育项目应当融入现代教育体系,在传承文化内涵的基础上,进行适度的创新和调整,以更好地适应当代学生的兴趣和需求。例如,可以结合 AR、VR 等现代技术手段,创新传统体育的教学方式,增加互动和参与感。同时,课程设计应当更加注重培养学生的批判性思维、文化自觉和创新能力,使他们在传承传统文化的同时,对其进行现代化的解读和创造。

民族传统体育项目不仅是体育技能的学习,更是文化智慧和精神价值的传递。通过系统化的教育模式,高校应当在教学中深刻挖掘和传授这些项目背后的文化内涵,使学生在学习传统体育的过程中,全面提升身体素质和文化素养,增强文化认同感和责任感。在全球化的背景下,传统体育项目的文化价值还能推动跨文化传播和理解,使其在现代社会中继续焕发新的生命力。通过创新与传承的结合,传统体育项目将继续作为民族文化的重要载体,在新时代展现其独特的文化魅力。

三、教学资源与设施的完善

高校民族传统体育文化资源的开发离不开完善的教学资源与设施支持。优质的资源和设施不仅是体育教学顺利进行的前提,也是提高学生学习兴趣、增强参与度和确保教学效果的重要保障。体育教学,尤其是民族传统体育项目的教学,涉及专业的体育场馆、训练器材、教材、教学视频等教学资源,这些都需要充分的投入和支持。此外,具备专业背景的教师队伍也是保证传统体育项目传承与发展的关键。因此,高校应注重教学资源与设施的完善,通过充实资源、提升设施标准、培养专业教师等手段,为民族传统体育文化的教育提供坚实基础。

（一）专业体育场馆和训练器材的建设

民族传统体育项目的教学需要专业的体育场馆和训练器材。传统体育项目，如武术、摔跤、舞龙舞狮等，需要专用的训练场地和器械。场地的建设应充分考虑项目的特点和训练的需求。例如，武术训练场地应当宽敞，且地面需要具备适合运动的柔韧性，避免学生在训练时受到伤害；摔跤场地则需要具备专业的比赛设施，保证运动员的安全。

同时，训练器材的标准化和专业化也非常重要。对于民族传统体育项目，器材不仅是训练的工具，更是项目文化和历史的体现。例如，武术中的剑、刀、枪等器械的使用方法和技巧既是技艺，也是历史和文化的传递。高校应根据不同项目的需求，提供适合的训练器材，并确保器材的安全性和使用寿命。完善的设施，可以提升学生的训练体验，让他们在实际操作中更加专注和投入，进而增强他们对项目的兴趣和参与度。

（二）教材和教学视频的开发与应用

为了确保民族传统体育项目能够顺利传承，高校应注重教材和教学视频等教学资源的开发与应用。优质的教材不仅要覆盖技能的各个方面，还应融入项目背后的文化、历史和哲学思想。例如，在武术教材中，除了对基本功、拳法、器械的讲解外，还应注重讲解"天人合一"的哲学思想、传统武术的精神传承等内容。教材应兼顾理论与实践，理论部分提供文化背景和历史知识，实践部分则侧重动作技巧和训练方法。

教学视频作为现代教学的重要工具，通过动态展示帮助学生更直观地理解动作技巧和训练过程。尤其在传统体育项目中，许多动作和技巧需要通过反复观看视频和不断模仿，才能掌握要领。教学视频应包括技术动作的分解讲解、经典演示和教学案例等内容，帮助学生在没有教练或指导员的情况下，通过自主学习提升技能。此外，随着 VR 和 AR 技术的发展，学生还可以在虚拟环境中进行练习，进一步提升互动性和参与感。

（三）设施建设的长期投入与更新

民族传统体育项目的教学设施建设不仅是一次性的投入，更需要长期的维护和更新。高校应制定设施建设的长期规划，确保这些设施能支持项目的可持续发展。在设施建设过程中，应充分考虑学生的安全和舒适度，保证器材和场地的质量，定期检查和更新。

此外，随着学生参与传统体育项目的增加，学校可能需要扩建更大的练习场地，或为特定项目提供更多样化的训练器材。长期投入和更新能确保设施始终适应教学需求,并能应对学生人数和参与需求的变化。确保设施的长期投入和不断更新,是保障教学活动顺利开展的基础。设施建设的长期投入与更新能提升学生的学习体验,促进他们对传统体育项目的兴趣和参与。

传统体育项目的传承不仅需要专业的设施和教学资源,更需要系统化的教学模式、创新的教学方法和长远的规划。高校应结合现代技术和传播渠道,加强传统体育项目的推广与创新,提升学生的学习兴趣和参与度,确保项目在现代教育体系中得到有效传承和发展。通过建设高质量的教学设施、提供专业的教学资源并培养创新的教育理念和教师队伍,传统体育项目将在全球化背景下焕发新的生机。

四、社会资源与外部支持的整合

民族传统体育文化资源的开发不仅依赖高校自身的力量,还需要社会各界的支持与合作,尤其是地方文化机构、民族地区政府、社会组织等的参与和支持。高校作为文化传承与创新的重要阵地,应积极与外部资源对接,整合社会各方力量,进一步推动传统体育项目的普及和创新。通过与地方文化机构、政府部门和社会组织的合作,高校可以获得更多的资金、设备、场地以及教学和人才支持,为民族传统体育项目的教学与发展提供强有力的保障。

(一)地方文化机构的合作与支持

地方文化机构在民族传统体育文化资源的开发中扮演着至关重要的角色。许多地方文化机构负责本地传统文化的保护、传承和创新,他们不仅掌握着丰富的地方性文化资源,对民族传统体育项目还有深入研究和实践经验。例如,地方博物馆、非物质文化遗产保护中心和民族文化研究机构等,长期以来致力于本地区传统体育文化的普及和保护工作,为社会提供了大量的文化支持。

高校可以与这些地方文化机构建立紧密的合作关系,利用它们在民族传统体育项目中的专业优势,共同开发教育资源和文化活动。通过合作,学校可以获得地方文化机构提供的专家支持、项目教材、历史资料等重要资源,进一步丰富教学内容。例如,文化机构的专家可以为学校提供丰富的地方传统体育知识,帮助学生更好地理解和学习这些传统项目。同时,文化机构可以借助高校的教学平台,将更多的民族传统体育项目推广到社会及其他地区。这样的合作不仅能够增强地方文化的影响力,还能为社会提供更多元的文化体验。

地方文化机构还拥有丰富的传统体育项目传承人资源，这些传承人往往具备深厚的技艺。通过合作，学校可以引入这些传承人，发挥他们在技能传授和文化讲解方面的作用。这不仅丰富了高校的教育资源，也为传统体育项目的传承和创新提供了更多实践机会和真实的文化体验。通过这种合作方式，学生能直接接触到传统技艺的真正传承人，深刻理解项目的文化内涵，进一步激发学生对传统体育项目的兴趣和认同感。

（二）民族地区政府的政策和资金支持

民族地区政府在推动民族传统体育文化的发展方面具有不可替代的作用。政府可以通过出台相关政策、提供资金和项目支持，推动高校在民族传统体育项目的传承与创新方面取得实质性进展。例如，政府可以设立专项基金，支持高校开展民族传统体育课程的开发、教学设施的建设和师资的培训等工作。此外，政府还可以组织和举办民族传统体育赛事、文化节等活动，进一步提升地方和高校在民族传统体育项目上的社会关注度和影响力。这些举措不仅能促进民族文化的传播，还能激发学生对传统体育项目的参与和学习兴趣。

与地方政府的合作能为高校提供更多的政策支持和资金保障。例如，政府可以为高校提供资源，协助高校开展传统体育项目的跨区域合作和文化交流。通过这种合作，高校能利用政府的平台，推动传统体育项目的普及和创新。政府还可以为高校提供与其他文化机构、教育机构和体育组织的合作机会，促进不同地区和跨文化的交流与合作，从而提升传统体育项目的传播效果和影响力。

（三）社会组织和非政府组织的参与

除了政府和地方文化机构，社会组织和非政府组织（NGOs）在民族传统体育文化资源的开发中也发挥着越来越重要的作用。许多社会组织致力于文化遗产保护和非物质文化遗产的传承，其中不乏专注民族传统体育项目的工作。例如，一些社会团体会组织传统体育赛事、推广传统体育教育，并为有兴趣的高校提供支持和合作机会。社会组织不仅能推动文化活动的开展，还能帮助传统体育项目提高社会认知度和影响力。

高校可以与这些社会组织合作，通过联合举办活动、提供平台、组织课程等方式，进一步促进传统体育项目的普及和创新。社会组织的参与能为高校带来新的视角和资源，帮助高校在推广传统体育项目时接触到更广泛的社会群体，扩大其影响力和受众面。同时，社会组织还能为高校提供实践机会，让学生通过参与社会实践和社区活动，将所学的技能和文化应用到实际当中。这不仅可以加深学生对传统体育项目的理解，还可以增强他们的社会责任感。

（四）跨领域合作的探索

在现代社会，跨学科、跨领域的合作越来越成为文化发展的重要趋势。高校可以通过与其他学科、行业及不同领域的组织合作，打造全方位的支持体系。这种跨领域合作的优势不仅体现在项目的创新性和多样性上，还能在文化传播和项目推广中起到更大的促进作用。例如，可以与艺术学院、电影学院等合作，利用电影、动画、音乐等媒介形式制作传统体育项目的宣传片、教学视频等，将民族传统体育项目的文化内涵和精神价值以更加生动和直观的方式展示给公众。

此外，高校还可以与旅游业、商业企业等进行跨行业合作，推动民族传统体育项目的产业化发展。例如，传统体育项目与旅游活动的结合，能创造出一条新的文化旅游产业链。通过开发传统体育文化旅游产品，将传统体育项目与地方旅游资源结合起来，吸引更多游客了解和参与，从而扩大民族传统体育项目的社会影响力。这种跨领域合作不仅能提升传统体育项目的社会认知度，还能推动其市场化发展，形成可持续的文化产业链，推动传统体育文化走向更广泛的国际舞台。

（五）社会资源整合的挑战与策略

尽管社会资源和外部支持对传统体育项目的发展至关重要，但有效整合这些资源并使之与高校的教育目标和发展战略相契合，仍然是当前面临的一大挑战。资源整合常常受到文化认同、资金短缺、跨领域合作障碍等多种因素的制约。为了应对这一挑战，高校需要具备强大的资源整合能力，推动内外部资源的协同发展。

高校在整合社会资源时，应注重明确合作目标和建立清晰的合作机制。这种方式可以确保各方在合作中达成共识，避免资源浪费和重复投入。此外，高校还应充分利用现代信息技术，如大数据、云计算等，加强与社会各界的沟通与协作，提高资源利用效率。这不仅有助于提高传统体育项目教学和传播的效果，还能促进学生的自主学习和深度参与，推动项目的可持续发展。

通过地方文化机构、政府、社会组织及跨领域合作的积极参与，高校能有效整合内外部资源，推动民族传统体育项目的传承与创新。在现代化的教育背景下,这种多方合作不仅促进了传统体育项目的普及和发展,还能推动文化价值的传播和民族认同感的提升。通过跨领域合作和资源整合,高校能为民族传统体育项目创造更多的机会和平台,使其在全球化和信息化的背景下继续焕发活力,并推动其在世界舞台上的传承与发展。

第二节 高校民族传统体育文化资源开发的目标定位

一、推动民族文化的传承与创新

高校民族传统体育文化资源的首要目标是推动民族文化的传承与创新。民族传统体育项目作为民族文化的重要组成部分,承载着深厚的历史背景和精神内涵。通过对传统体育项目的教学与实践,高校不仅可以帮助学生了解和认同民族文化的精髓,还能让这些文化元素在学生的日常生活和行为中得到内化和体现。同时,随着时代的进步和社会的发展,传统体育项目也面临着创新和现代化的需求。只有通过创新与发展,传统体育项目才能保持其生命力,并更好地适应新时代学生的兴趣和需求,走向更加广阔的未来。

(一)传承民族文化的精髓

民族传统体育项目不仅是体育技能的学习,它们深深扎根于民族文化的沃土,有着悠久的历史、深厚的哲学思想和独特的精神内涵。这些传统体育项目通过动作、技巧和仪式,不仅实现了身体力量的锻炼,更蕴含了对精神、心智与道德修养的升华。例如,武术不仅仅是一项战斗技巧,它融入了中国哲学中的"天人合一"理念,强调人与自然、人与人之间的和谐关系。跆拳道则通过"礼仪廉耻"的原则,培养学生诚实、尊重他人、坚守自律与努力的精神。这些深刻的文化内涵赋予了民族传统体育项目独特的价值,使其不仅成为锻炼身体的工具,更是塑造学生品格、培养文化认同的重要方式。

高校的传统体育教学除了教授学生技能,更应注重让学生深入理解和体验这些传统项目所承载的文化精髓,通过课堂教学、文化讲座、实地体验等形式,帮助学生全面了解和认同本民族的文化。文化传承不仅依靠课堂讲解和技艺训练,更需要通过日常教育和实践活动,使学生将这些文化价值内化为自身的行为规范和价值观,进而在生活和社会交往中自觉践行。在这个过程中，学生不仅学习体育技能，也培养对文化的深层次理解和对文化自信的认同。

（二）文化认同与个性化发展

文化认同是民族传统体育项目教学中的核心目标之一。通过学习这些传统体育项目，学生不仅能够掌握一项体育技能，还能在实践中理解和认同所学习的文化。学习民族传统体育项目是学生了解和融入本民族文化的重要途径。它能够增强学生的文化自信，帮助他们在全球化、多元文化的环境中找到自己的文化根基和定位。随着全球文化的日益多元，传统文化的认同显得尤为重要，它能帮助学生在文化多样性中保持自我，并引以为豪。

此外，民族传统体育项目的学习为学生提供了个性化发展的平台。传统体育项目强调个人修养与内在的精神追求，这与现代社会对个体差异化发展的重视高度契合。每一项传统体育项目背后都有不同的精神价值和哲学思想，而每个学生在学习过程中根据自己的兴趣、能力和理解，形成不同的解读和表现方式。这种个性化的发展不仅有助于学生技能的提升，还能鼓励学生从项目中汲取属于自己独特的文化意义，进一步促进他们在文化认同中找到自己的独特位置。这种个性化的教育方式有助于培养更加全面和独立的学生，使他们在多元文化的社会中自信地展示自我。

（三）创新与现代化的必要性

随着社会的不断发展和学生需求的变化，传统体育项目面临着创新和现代化的挑战。单一依靠传统的教学方法和形式，难以吸引当代学生的兴趣和积极参与。因此，高校应积极探索创新的教学方法和方式，融入现代科技与教育理念，使传统体育项目在新时代焕发新的活力。

例如，VR、AR等技术的应用，可以创建互动性更强、体验感更好的传统体育教学场景。学生可以在虚拟环境中进行传统体育项目的练习，获得更加沉浸式的体验，同时增加对动作细节和技巧的理解。此外，通过多媒体、数字化教材和在线平台，教学内容可以得到丰富和拓展，学生可以随时随地学习和交流，提高学习效率，且可以突破时间和空间的限制。这些创新手段不仅有助于提升学生的兴趣，也使传统体育项目与现代教育需求紧密契合。

此外，现代化的进程并不意味着抛弃传统。高校应在尊重传统文化的基础上，推动项目的创新与改良。例如，传统项目的比赛形式可以结合现代团队体育的竞技模式，增加团队合作和竞技的乐趣，使学生在参与过程中既保留传统技艺的核心，又满足他们对现代娱乐性和竞技性的需求。

(四)推动传统体育项目的多元化发展

在全球化背景下,民族传统体育项目不仅是民族文化传承的重要载体,更是跨文化交流和相互理解的桥梁。高校应鼓励学生在学习和传承本民族传统体育项目的同时,探索和学习其他文化的传统体育项目,通过跨文化的互动与交流,丰富学生的文化视野和体育实践。这不仅有助于促进不同文化之间的了解,还能增强学生在全球化背景下的文化适应力和交流能力。

同时,高校应注重多元化的项目设置,让不同背景、不同兴趣的学生都有机会接触到各类传统体育项目。通过开设丰富多样的课程和课外活动,高校能够吸引更多学生参与到传统体育项目的学习中。这不仅有助于提升传统体育项目的影响力和普及度,还能促进学生的多元文化认知,增强他们的全球视野和跨文化沟通能力。高校通过多元化的教学安排和课外活动,能满足学生不同兴趣和需求,帮助他们在参与的过程中发现自己独特的兴趣点和文化理解。

民族传统体育项目在当代高校教育中的重要性不言而喻。通过对这些项目的学习,学生不仅能够提升身体素质和技能,还能深入理解并传承民族文化,培养文化认同感和个性化发展。随着全球化的深入,传统体育项目的创新与多元化发展尤为重要。高校应在尊重和传承传统文化的基础上,积极探索创新的教学方式,推动项目的现代化发展,并通过跨文化交流和多元化课程设置,使传统体育项目焕发新的活力,为学生提供更广阔的文化视野和实践平台,促进全球文化的融合与发展。

二、提升学生的综合素质与文化自信

通过民族传统体育的学习,学生不仅能提高体育技能和身体素质,还能在实践中增强文化认同感和自信心。民族传统体育项目作为一种全方位的教育形式,不仅关注学生的身体锻炼,还应注重培养学生的团队合作精神、责任感、意志力等社会与心理素质。通过这些项目的学习和参与,学生可以在实践中体验到文化的深度和力量,进而增强自己的民族自豪感和文化自信心。这种身心素质和文化认同的双重提升,不仅有助于学生的全面发展,也为他们成为具有全球视野的未来公民奠定基础。

(一)提升身体素质与体育技能

民族传统体育项目的学习不仅仅是为了掌握体育技能,更重要的是通过这些项目有效提升学生的身体素质。传统体育项目如武术、跆拳道、摔跤、舞龙舞狮等，涵盖了全身性的运动，能够增强学生的力量、柔韧性、协调性和耐力等多方面的身体素质。例如，武术的训练不仅要求学生掌握各种拳法、剑法和步法，更需要通过长期的训练提高身体的柔韧性、反应速度和力量。在这种训练中，学生不仅能提升身体素质，还能通过重复练习、挑战自我，培养出坚韧的意志力。

通过对这些传统体育项目的不断练习，学生们逐渐突破身体极限，体会到超越自我的乐趣和成就感。此外，传统体育项目中的许多动作和技能训练，注重细节和精确性，学生在练习过程中会学到如何控制身体的各个部位、如何保持身体平衡、如何调节呼吸等。这些细致的训练有助于提高学生的运动能力，促进学生的身心同步发展。因此，民族传统体育项目不仅有助于学生提升体力，还能在竞技水平上得到明显的提高。

（二）增强团队合作精神与社会责任感

民族传统体育项目的教育功能不仅限于个人技能的提升，还在于培养学生的团队合作精神和社会责任感。许多传统体育项目如舞龙舞狮、龙舟运动等，都有明显的集体协作特点。在这些集体项目中，学生们必须与队友密切配合，协作完成目标。这种团队合作不仅锻炼了学生的合作精神，还能让他们体会到责任、信任和互助的重要性。例如，在舞龙舞狮的表演中，队员们需要精准配合，保证动作的同步和表演的流畅。这种集体协作的精神可以帮助学生理解团队精神，提升他们的集体意识，学会为团队的整体成功贡献个人力量。

通过参与这些团队项目，学生还能培养出较强的社会责任感。在传统体育项目中，学生往往需要承担一定的角色并为团队的整体表现负责。这种责任感的培养不仅对学生在活动中的表现有直接影响，还会对他们未来在社会中的角色发挥起到积极作用。学会承担责任、帮助他人、尊重团队合作，这些价值观将在学生未来的学习、工作和生活中发挥深远的影响，形成强烈的社会责任感。

（三）培养学生的意志力与坚韧精神

许多民族传统体育项目的学习过程是对学生意志力和坚韧精神的一次深刻锻炼。这些项目的训练通常需要长时间的持续努力与坚持，学生必须在不断的挑战和磨砺中锤炼自己的毅力。比如，武术的学习常常从基础的站桩、马步等动作开始，要求学生在一个姿势上保持长时间的专注与耐力。学生不仅需要克服身体上的疲劳，更需要战胜心理上的抗拒，坚持不懈地完成训练任务。

在比赛过程中，学生不仅要面对对手，还要与自己的心理障碍作斗争。面对压力和困难，学生必须学会调整心态，找到最佳的应对策略，培养出坚韧的意志力。这种精神力量对他们日后的学习、工作和生活具有重要作用，帮助他们在面对挑战时保持积极心态，勇敢地迎接各种困难。通过不断的努力和坚持，学生不仅在体育技能上有所突破，也在心理素质和意志力方面得到显著提升。

（四）增强民族自豪感与文化自信心

民族传统体育项目的学习，能大大增强学生对本民族文化的认同感和自豪感。通过了解和参与民族传统体育，学生能深入理解其中蕴含的精神价值和历史背景，进而激发对本民族文化的情感。例如，学习中国武术的学生不仅掌握武术的技巧，还能领悟"天人合一"这一哲学思想，以及儒家和道家的文化精髓，这让他们更深刻地感受到中国传统文化的智慧与博大精深。

这种文化认同感的提升，不仅让学生更自豪地展示自己民族的文化，还能培养他们的文化自信心。在全球化日益加深的今天，文化自信已成为推动社会进步和文化发展的关键力量。通过传统体育项目的学习，学生能更加自信地认识并传播自己民族的文化，成为自信的文化传播者。在多元文化交流中，他们能积极地展示自己民族的传统和精神，增强民族自豪感，并对自己所代表的文化充满信心。

（五）促进学生的全面发展

通过民族传统体育项目的学习，学生能在身体素质、社会能力、心理素质等多个方面获得显著提升。同时，他们也在文化认同、团队合作、精神品质等方面得到全面锻炼。现代教育体系不仅注重学生的学术成绩，还高度重视学生的全面素质培养，民族传统体育项目正是提升学生综合素质的重要手段。通过将体育与文化教育相结合，这些项目帮助学生形成健康、积极且富有责任感的人格，培养出能够在社会中发挥积极作用的年轻人。

面对当前社会的多元化和快速变化，全面素质的培养显得尤为重要。传统体育项目在增强学生文化自信、意志力、团队合作精神等方面的作用，能帮助他们适应未来社会的复杂环境，成为具有独立思考能力、强烈责任感和高度合作精神的公民。通过传统体育项目的学习，学生不仅收获体育技能，更收获应对挑战的心理素质和成为负责任公民的社会价值。

三、促进校园文化的多元化与和谐发展

高校在推动民族传统体育文化资源开发的过程中,不仅要注重体育技能和文化传承的教育功能,更应发挥其促进校园文化多元化与和谐发展的独特作用。在多民族的高校环境中,传统体育项目作为文化的载体,可以成为不同民族文化之间的桥梁,帮助学生跨越文化差异,增进相互理解和尊重,从而为建设和谐、多元的校园文化氛围提供助力。通过民族传统体育项目的教学和活动,学生不仅能体验到不同民族文化的魅力,还能在实际互动中培养出团结、合作的精神,促进校园内文化的交流和融合。

（一）民族传统体育文化作为文化交流的桥梁

高校是文化交流的核心平台之一,尤其在多民族的高校环境中,有效促进不同民族文化之间的沟通与理解,是培养学生综合素质的重要方面。民族传统体育项目作为一种文化表达形式,能够突破语言和民族的界限,将不同民族的文化元素融合在一起。例如,武术、摔跤等项目虽然源于不同民族和文化背景,但在学习过程中,学生能够通过共同的体育语言,感受到彼此文化的内涵与精神,不仅能增进文化知识,还能通过身体力行的方式加深对其他民族文化的理解和尊重。

民族传统体育的学习和展示活动,不仅是体育技能的锻炼,也是各民族文化传递和交流的过程。在这一过程中,学生们不仅能学习到不同民族的传统体育技巧,还能通过实践活动体验到各自文化中的相似性与差异性,增进对其他民族文化的认同和尊重。因此,传统体育项目能成为打破文化隔阂、促进和谐校园氛围的重要工具。

（二）增强民族团结与校园凝聚力

民族传统体育项目的推广有助于增强校园内的民族团结和凝聚力。随着全球化和现代化的推进,许多高校学生来自不同的民族和文化背景,消除文化差异、促进民族间的和谐共处成为高校文化建设中的一项重要任务。民族传统体育项目可以帮助学生摆脱语言和文化的隔阂,激发他们之间的友谊与合作精神,从而实现民族团结。

在参与民族传统体育活动的过程中,不同民族的学生通过共同的体育锻炼,分享着相似的目标和价值观,彼此之间的文化差异逐渐转化为一种互动与学习的机会。例如,在集体项目中,学生需要共同努力完成任务,这有赖于团队协作精神。这种合作不仅在技能上相互促进,也在文化认同上产生

了深远的影响。通过这些活动，学生能感受到民族团结和集体主义精神，从而促进民族间的和谐关系，增强校园的凝聚力。

（三）促进跨文化理解与交流

跨文化理解和交流是现代社会不可或缺的能力，尤其在多元文化的校园中，培养学生的跨文化理解能力显得尤为重要。民族传统体育项目通过其独特的文化背景和技巧展示，为学生提供了一个实践跨文化交流的生动平台。例如，舞龙舞狮这一传统活动既是中国文化的象征，也是世界范围内的文化交流活动。通过组织不同民族的学生共同参与这样的活动，不同文化背景的学生能在轻松愉快的氛围中，深入了解和感受彼此文化的精髓。

通过这些体育项目的跨文化交流，不同背景的学生可以在实际互动中消除对文化差异的偏见，建立起跨文化的认同感和尊重。传统体育项目的教学和展示不仅是技能的展示，更是文化的展示，能促进学生对多元文化的理解，从而增强学生的全球视野和文化适应能力。

（四）构建和谐校园氛围

和谐校园文化的构建，需要校园内各个民族的共同努力与支持。民族传统体育项目在增强文化认同的同时，也能有效推动校园和谐氛围的形成。通过多样的传统体育活动，如民族体育文化节、传统体育赛事等，学生们能够在轻松愉悦的环境中，增进彼此的了解与友谊。体育赛事和表演是学生表达文化情感、展示才华的舞台，同时也是凝聚集体精神、增强校园凝聚力的重要途径。

这些活动能让学生从参与中获得快乐，从文化展示中获得自豪感，通过集体活动的互动促进学生之间的互助合作，增强校园的整体和谐感。通过积极的体育文化活动，学校能创造出一个更具包容性、理解力和合作精神的文化氛围，培养学生之间的友谊与尊重，构建一个和谐的校园环境。

（五）推动文化多样性与创新

民族传统体育项目不仅要传承传统，还应不断创新以适应现代化的需求。在推动传统体育项目的传承过程中，高校应鼓励学生参与文化创新的过程，探索传统体育与现代文化元素的结合，使之更符合当代学生的兴趣和社会需求。例如，结合现代科技手段如 VR、AR 等，为传统体育项目注入新的元素，使其更具吸引力和互动性。通过文化创新，传统体育项目不仅能焕发新的活力，还能吸引更多学生参与其中，推动校园文化的多元化发展。

同时，高校应注重举办多元文化交流活动，为不同民族和文化背景的学生提供展示自我和学习他人文化的机会。这种方式不仅能促进传统体育文化的传承与发展，还能形成多样性和创新并存的校园文化氛围。

通过开发民族传统体育文化资源，高校能有效推动校园文化的多元化与和谐发展。传统体育项目不仅能作为文化交流的桥梁，增进学生间的理解与尊重，还能增强民族团结，促进跨文化交流与理解。通过这些项目的实施，高校可以为学生提供更多的合作与展示平台，培养他们的团队精神与责任感，构建一个和谐、包容、创新的校园文化环境。最终，民族传统体育文化资源的开发将成为高校文化建设的重要组成部分，推动校园文化的繁荣与发展。

四、提升传统体育文化的社会影响力

高校在民族传统体育文化资源的开发过程中，不仅要注重校园内的教育和传播，更应积极将这些文化成果推向社会。通过举办赛事、文化节、国际交流等活动，高校能有效提升民族传统体育文化的社会影响力，让更多人了解并欣赏这些具有深厚文化内涵的传统体育项目。通过这些形式的推广，传统体育项目不仅能吸引更多的社会关注，还能推动其走向国际化，扩大文化传播的范围，从而增强民族文化的全球认知度和影响力。

（一）举办传统体育赛事与文化节

举办民族传统体育赛事和文化节是提升传统体育文化社会影响力的重要方式之一。通过这些活动，高校能让传统体育项目更好地融入公众生活，并吸引社会各界的广泛关注。尤其是组织全国性或地区性的传统体育赛事，能为学生、专业运动员以及体育爱好者提供展示与交流的机会。赛事的举办不仅能激发学生参与的热情，还能让更多人了解并亲身体验传统体育的独特魅力。例如，传统的武术、摔跤等项目在赛事中的展示，不仅能展示技艺，还能让观众感受到深厚的文化底蕴。

文化节作为展示传统体育文化的一种形式，能将传统体育项目的历史、哲学和文化价值通过多样化的展示活动传递给社会。高校可以通过文化节的形式组织传统体育比赛、演出、讲座、手工艺展示等丰富多彩活动，呈现民族传统体育项目的多样性和独特性。在这些活动中，学生、教职工、社区居民及游客等不同群体共同参与、互动，增强对这些项目的认知与热爱。此外，文化节的举办也有助于提升人们对民族传统体育项目的情感认同，并激发更多人加入这一文化传承的行列中。

文化节和传统体育赛事不仅是展示体育技艺的场所,更是促进不同民族、不同文化背景的学生和社会大众之间互动与交流的平台。通过这些活动,学生不仅能感受到自己文化的自豪感,还能与其他文化群体进行多元文化的交流与理解,促进社会的和谐与团结。

(二)国际交流与合作

随着全球化的不断推进,民族传统体育文化的国际化已经成为提升其社会影响力的重要途径。高校应当通过国际交流与合作,推动民族传统体育项目的全球传播,展示其独特的文化魅力和精神价值。通过举办国际赛事、文化交流活动和联合培训等形式,高校能让世界了解中国及其他民族的传统体育项目,进一步扩大这些项目的国际影响力。

传统体育项目的国际赛事,如世界武术锦标赛吸引了来自世界各地的运动员和观众,成为全球体育文化交流的重要组成部分。高校可以通过承办这些国际赛事,吸引国际运动员和民族文化专家的参与,提升民族传统体育项目的国际地位,同时使更多外国学生了解并喜欢这些传统体育项目。通过这种形式的国际交流,传统体育项目不仅能在全球范围内传播,还能为高校带来国际化的教育资源,提升教育质量与国际声誉。

国际交流同样为高校学生提供了拓展国际视野、提升跨文化沟通能力的机会。学生通过与来自不同国家、不同文化背景的同学和运动员的互动,能增强对自己文化的认同感,学到更多跨文化交流和合作的经验。这种跨文化的合作与交流,促进了传统体育文化的全球传播,有助于推动全球文化的多样性与包容性,进一步丰富全球文化景观。

(三)社会化平台与现代媒体的运用

为了进一步扩大民族传统体育文化的社会影响力,高校应当充分利用现代科技手段和社会化平台,结合数字化传播方式,提升传统体育项目的社会认知度和普及度。如今,社交媒体、短视频平台和直播平台等已经成为信息传播的重要渠道,通过这些平台,传统体育项目能迅速覆盖到更广泛的受众群体。

高校可以利用这些现代媒体平台,制作高质量的宣传视频、比赛回顾、教学视频等内容,展示传统体育项目的魅力与文化底蕴。例如,可以在各大平台发布这些内容，吸引更多年轻人关注和参与传统体育项目。通过直播赛事、运动员访谈、专家讲座等形式，让更多的观众能实时参与到传统体育项目的学习和互动中，进一步增强其社会影响力和受欢迎程度。

社交媒体的互动性使得高校能通过线上和线下相结合的活动，提高公众对民族传统体育项目的参与感和认同感。通过与社会团体、民间组织的合作，高校可以开展各种形式的线上活动，如传统体育挑战赛、技能展示等，邀请网友通过短视频平台展示自己的武术、跆拳道等技能，并进行互动评价。通过这些活动，传统体育项目能激发社会大众对这些项目的兴趣，推动其广泛传播。

（四）推动传统体育文化的产业化

除了教育和赛事领域的推广，传统体育文化的社会影响力也可以通过产业化的途径得到进一步提升。高校可以与文化创意产业、旅游业等行业合作，将民族传统体育项目与文化产品、旅游体验等相结合，打造传统体育文化的产业链。例如，可以开发与传统体育项目相关的文创产品，如武术装备、运动服饰、纪念品等，并将这些产品推向市场。文化产品的销售，这不仅能扩大民族传统体育项目的市场影响力，还能借助经济效益进一步推动其文化传播。

此外，传统体育项目还可以与旅游资源结合，推动文化旅游产业的发展。例如，将地方传统体育项目与民俗文化相结合，推出具有地方特色的旅游项目，以吸引游客参与，这不仅能提升传统体育项目的知名度，还能推动旅游业和文化产业的融合发展。通过这种产业化的方式，民族传统体育项目不仅能走向更广泛的市场，还能形成可持续的文化产业链，促进传统文化的跨领域传播和发展。

提升民族传统体育文化的社会影响力，既需要在教育、赛事等传统领域做出努力，也要通过现代化的传播手段和跨领域合作，推动其全球化和产业化发展。高校可以通过举办传统体育赛事、文化节，开展国际交流，搭建社会化平台等多种方式，增强传统体育项目的社会认知度，激发不同文化背景的学生和社会群体对传统体育的热情。同时，通过产业化发展，民族传统体育项目将不仅仅局限于教育和赛事领域，还能进入市场，形成良性循环，推动传统体育文化的可持续传播与发展。

第三节 高校民族传统体育文化资源开发的基本原则

一、尊重传统与创新并重

在开发民族传统体育文化资源的过程中,尊重传统和创新并重是至关重要的。民族传统体育项目承载着深厚的文化底蕴和历史传承,体现了民族的智慧和精神。尊重这些传统不仅能确保文化的延续,还能帮助学生深入理解和体验这些项目背后的文化内涵。随着时代的发展和社会需求的变化,传统体育项目也需要进行创新,以适应现代教育理念和当代学生的兴趣,增加其生命力和吸引力。因此,在开发民族传统体育资源时,必须在尊重传统的基础上进行创新,将传统与现代相结合,让这些项目焕发新的活力,满足当代社会和学生的需求。

(一)尊重传统文化的核心精神

民族传统体育项目蕴含着民族文化的核心精神。例如,武术的"天人合一"、跆拳道的"礼仪廉耻"、摔跤的坚韧精神等,都是这些体育项目文化内涵的精髓所在。这些文化理念与技术动作相辅相成,构成民族传统体育项目独特的魅力。为了确保这些体育项目在现代社会中传承和弘扬,高校在传授传统体育时,必须尊重并保护这些文化精髓,确保其核心精神得以延续。

尊重传统意味着高校不仅要关注这些体育项目的历史渊源,还应深入挖掘其背后的哲学思想、道德观念和民族价值。高校在传授这些传统项目时,除了教学技能外,还应注重向学生传达这些传统的核心价值观,帮助学生建立文化认同感。通过参与这些项目,学生不仅能锻炼身体,还能加深对本民族文化的理解和认同,增强民族自信心和文化自豪感。

(二)结合现代教育理念进行创新

尽管民族传统体育项目具有深厚的文化底蕴,但随着社会的进步和教育理念的不断演变,传统体育项目也需要适应时代的需求。现代教育不仅注重学术成绩的提升,还更加关注学生的全面素质培养,特别是创造力、批判性思维、团队合作等方面的能力。因此,传统体育项目的教学需要与现代教育理念相结合,使其既能保留文化内涵,又能满足当代学生的兴趣和发展需求。

现代学生的学习方式已不再局限于传统的教室和课堂，他们更倾向于参与互动性强、富有娱乐性和参与感的活动。为了吸引现代学生的兴趣，高校可以将 VR、AR 等现代科技手段引入传统体育项目的教学中。这些技术手段能增强教学的互动性和体验感，使学生不仅在学习中获得乐趣，还能通过沉浸式体验进一步理解传统体育的技巧与文化。通过数字化教学、在线课程、互动平台等形式，传统体育项目可以更好地适应学生的学习方式，同时保持其文化内涵的完整性。

此外，高校还可以根据学生的兴趣和需求调整课程内容，将文化价值与现代教育目标相结合，从而提升学生的综合素质。例如，结合团队合作的项目不仅能提升学生的运动技能，还能培养他们的集体意识和社会责任感，形成全面素质的培养机制。

（三）创新教学方法与形式

为了让传统体育项目更好地满足现代学生的需求，教学方法和形式必须进行创新。传统体育项目的教学一般注重技能的传授和反复练习，但现代教育更加注重学生的自主学习、创造性思维和团队合作能力。因此，教学中应引入更多的互动和合作元素，鼓励学生创新和探索。例如，可以通过小组合作形式，设计创新的体育项目表演或比赛形式，让学生在实践中发挥创意，展示个性，增进创新能力和团队精神。

课堂教学可以结合现代化的辅助工具，如智能化的评测系统、运动数据分析工具等。这些工具通过数据反馈学生的训练成果，让学生了解自己在学习中的进步情况。通过这些智能化手段，学生不仅能看到技能的提高，还能明确自己的优点与不足，进而制定更有效的训练计划。通过创新的教学方法，传统体育项目的教学将不仅仅是技巧训练，更是一个多维度的教育过程，融合体育技能、文化学习、创新思维与团队合作，帮助学生全面提升素质。

（四）保持传统体育项目的多样性与包容性

传统体育项目的创新不仅要体现在形式和技术上，还应注重其包容性和多样性。不同民族和地区的传统体育项目各具特色，拥有多样的表现形式和文化内涵。在进行创新时，必须尊重每种传统体育项目的特点，避免简单地进行"同质化"改造，要根据各自的文化背景，探索出适合不同群体和地区的创新模式。

例如，民族传统体育项目可以与当地的风俗习惯、艺术形式、历史背景等相结合,进行地方性或地域性的创新。通过这样的创新,传统体育项目不仅能保留其核心的文化特征,还能满足不同地区和文化背景学生的兴趣和需求,从而增强其普及性和影响力。对于高校来说,这种创新不仅能丰富课程内容,还能帮助学生更好地了解和欣赏不同地区的传统体育文化,提升其文化适应力。

（五）促进传统体育文化的全球化传播

在全球化的背景下,民族传统体育项目不仅要在国内传承和发展,还应积极走向国际舞台。传统体育项目的国际传播,不仅能让世界了解和欣赏中国传统文化,还能为中华文化的软实力提升贡献力量。高校应通过与国际学校、文化机构的合作,参与和组织国际赛事、文化交流等活动,将民族传统体育项目推向全球。

通过举办国际赛事和文化交流活动,高校不仅能展示民族传统体育项目的独特魅力,还能推动这些项目跨国传播。例如,世界武术锦标赛、国际跆拳道比赛等国际赛事吸引了世界各地的运动员和观众,成为全球体育文化交流的重要组成部分。高校可以通过承办这些赛事,吸引国际运动员和专家参与,这不仅能提升民族传统体育的国际地位,还能让更多外国学生了解和学习这些传统体育项目。

此外,国际交流还能帮助高校学生拓展国际视野,提升他们的跨文化沟通能力和全球认知度。学生通过与不同国家和文化背景的同学和运动员的交流,不仅能增强对自己民族文化的认同感,还能获得更多的跨文化经验和学习机会。这种跨文化的交流与合作促进了传统体育文化的国际传播,有助于推动全球文化的多样性与包容性。

民族传统体育项目在现代教育中的传承和创新应当尊重传统的核心精神,同时结合现代教育理念进行创新。通过创新教学方法、融合现代科技手段和文化传播平台,传统体育项目不仅能满足当代学生的需求,还能在全球化的背景下促进文化的多元交流和跨文化理解。高校应当通过文化节、国际交流等活动推广传统体育项目,同时推动其产业化,提升其社会影响力和全球传播能力。

二、文化认同与普及教育相结合

民族传统体育文化的开发不仅仅是为了传授体育技能,更是为了培养学生的文化认同感。通过民族传统体育项目的学习和实践,学生能深入了解本民族的历史、文化和精神价值，从而增强文化认同感，形成对本民族文化的归属感。高校在开发民族传统体育文化资源时，应该注重将培养文化认同与普及教育相结合，确保每位学生都能接触和了解这些项目，体验到传统体育的文化魅力，同时通过相关活动和课程，深化学生对本民族文化的认同感。

（一）传统体育文化与文化认同的紧密结合

高校在传授民族传统体育文化时，应该更加注重文化认同的培养，通过课堂教学、文化讲座、实践活动等多种形式，帮助学生深入理解这些项目所承载的文化意义。例如，学习武术时，学生不仅要掌握拳法和剑法，还应理解武术背后的"天人合一"哲学，感受其中的天地自然和人心合一的理念。通过这种文化的渗透，学生将不仅仅是技能的学习者，更成为文化的传承者和弘扬者。学生在掌握传统体育项目的同时，能更好地理解、体验和传递民族文化，进而增强文化认同感。

（二）系统化课程设计与文化认同的培养

要使学生更系统地了解民族传统体育文化，高校应在课程设计上进行有针对性的规划。传统体育项目的课程不仅要涵盖基本技能的训练，还应包括文化背景的教学。例如，武术课中除了教授基本的拳法、剑法等技术内容外，还应深入探讨武术背后的哲学思想、历史背景以及武术在民族文化中的独特地位。课程中应加入文化背景讲解，让学生在学习体育技巧的同时，更全面地理解这些项目的文化根源和精神内涵。

此外，高校还可以设置与民族传统体育相关的选修课、专题讲座等课程，帮助学生深入了解不同传统体育项目的历史文化、演变过程以及它们在现代社会中的发展与传承。系统化的课程设计，有助于高校有效促进学生的文化认同，帮助他们建立对本民族文化的深刻理解和认同感。通过课程体系的完整性和文化与技艺的结合，学生也能更全面地体验民族传统体育文化，加深对文化的自豪感。

（三）丰富的校园文化活动与文化认同的互动

除了课堂教学，校园文化活动也是民族传统体育文化传播和文化认同培养的重要途径。高校可以通过组织传统体育文化节、运动会、比赛等活动，激发学生对民族传统体育的兴趣，让更多的学生了解和体验这些项目。例如，武术表演、跆拳道比赛、舞龙舞狮等不仅是竞技技能的展示，更是民族文化的生动呈现。通过这些校园活动，学生能直观地感受到传统体育项目的魅力，增强对本民族文化的认同感。

此外，校园文化活动为学生提供了一个展示自我和表达文化认同的舞台。学生通过参与这些活动，不仅可以展示自己的学习成果，还能与他人分享对传统文化的热爱。这样的互动不仅促进了文化认同，也有助于学生在集体氛围中感受到文化的力量，进一步加深他们对民族文化的自豪感。同时，参与这些活动的过程也促进了不同文化背景的学生之间的交流与理解，增强了校园文化的多样性与包容性。

（四）普及民族传统体育文化的广泛参与

文化认同的培养不应局限于少数学生，而应扩展到更多学生身上。每个学生都应有机会接触和了解民族传统体育项目，增加自身的文化认同感。因此，高校应确保传统体育项目在不同课程中都能得到有效推广，让更多学生有机会参与其中。通过普及教育，学生能在轻松愉快的氛围中逐步培养对传统体育的兴趣，并通过这种学习体验感受民族文化的深厚底蕴。

高校可以通过社团、兴趣小组等形式，鼓励学生自发组织和参与传统体育活动，从而增加他们的参与感和归属感。这不仅能使学生在课外活动中接触到传统体育项目，还能通过实际的互动与他人分享经验，进一步加深他们的文化认同感。民族传统体育文化的普及不仅能让学生接触到相关文化，更能激发他们的民族自豪感，使他们感受到传统文化的独特魅力。

民族传统体育文化的教育不仅是对技能的传授，更是文化认同的培养。通过系统化课程设计、丰富的校园活动、广泛的参与机会等方式，高校能让学生更加全面地理解和体验本民族文化。在现代教育的背景下，传统文化的传承与创新可以为学生提供更加丰富的教育体验，促进他们全面发展，帮助他们树立强烈的文化自信与民族自豪感。由此传统体育项目不仅能得到传承，也能在当代教育中焕发出新的生命力。

三、跨学科融合与多元视角

民族传统体育文化的开发应当注重跨学科融合，将其与历史、文化、哲学等学科内容结合，进行全方位的讲解和教学。这样不仅能帮助学生从多个视角理解传统体育的价值，还能增强其对传统体育项目的全面认知和文化认同感。此外，现代科技手段如VR、多媒体教学等的运用，能大大提升教学的互动性和趣味性，让学生在更生动、直观的环境中感受传统体育的魅力，提升学习体验。

（一）结合历史、文化与哲学的跨学科教学

民族传统体育项目的学习不仅仅是体育技能的传授，还深刻地融入了历史、文化与哲学等内容。因此，在教学中必须将这些项目与历史、文化、哲学等学科相结合，帮助学生从多元视角理解这些项目的深层次价值。例如，武术作为中国传统体育项目，融合了如"天人合一""道法自然"等中国古代哲学思想。这些哲学思想赋予武术深刻的文化内涵，学生通过跨学科的教学方式，能更加深入地理解武术及背后的文化思想。

此外，许多传统体育项目背后蕴藏着丰富的历史背景和文化价值。跆拳道不仅是一项竞技运动，还包含着儒家思想中的"礼、义、廉、耻"等精神，这些思想贯穿于跆拳道的技艺与教育中。通过历史和文化的讲解，学生可以更好地理解这些传统体育项目如何反映社会的道德标准、文化价值观以及其在历史进程中的演变。高校可以通过开设与这些项目相关的课程和讲座，邀请历史学、哲学学等领域的专家参与教学，帮助学生在理解技术的同时，增强对这些传统体育项目背后文化和思想的认同，进而提升学生对民族文化的自豪感。

（二）多元视角的综合教学方法

为了更好地理解传统体育的多重价值，教学方法应当融合多元视角。传统体育项目的教学不能仅限于技能训练，而应从文化、社会和心理等多个方面进行全面讲解。例如，武术教学除了讲授拳法技巧，还应讲解武术如何传递民族精神、促进身心和谐，如何体现中国古代哲学思想等内容。通过这种全方位的学习，学生能从多个角度理解传统体育项目的多维价值，产生更加深刻的文化认同。

另外，传统体育项目的教学还应结合社会学的视角，探讨这些项目在现代社会中的适用性与影响力。比如，武术作为中国传统体育项目，已经不仅局限于国内，随着文化的传播，它已经成为世界范围内广泛接受的体育形式。通过全球化背景的教学，学生可以了解武术如何通过国际赛事、文化交流等方式走向世界，并促进不同文化的交流与理解。

这种跨学科的综合教学方法能帮助学生从不同学科的角度全面理解传统体育项目的价值，不仅可以提升学生的文化素养，还能激发他们的批判性思维，促进学生在全球化时代的全面发展。

（三）利用现代科技手段增强互动性与趣味性

随着科技的发展，VR、AR 和多媒体教学等现代教育手段为传统体育项目的教学提供了全新的互动体验。通过现代科技的帮助，学生可以超越传统的课堂和实践限制，沉浸式地体验传统体育项目的魅力。

例如，VR 技术的应用可以让学生在虚拟环境中进行武术、跆拳道等传统体育项目的训练，克服现实中由于空间、器材等条件限制带来的困难。在沉浸式的学习体验中，学生不仅能更好地掌握技巧，还能更加深入地理解项目的文化内涵。借助 VR 技术，学生可以在不受限制的环境下进行全方位的学习，并通过互动提高他们的参与感。

多媒体教学则能通过视频、音频、动画等多种形式展示传统体育项目的背景、技巧和文化内涵。例如，通过武术比赛的录像、文化讲解的动画、武术技巧分解的视频等，学生能清晰地了解每个项目的技巧要领、哲学思想以及文化背景。这种方式能够吸引学生的兴趣，激发他们的学习热情，并通过互动式的学习方式增强他们对传统体育项目的认同感。

（四）促进学生的跨学科思维和创造力

跨学科的教学方法不仅有助于学生全面理解传统体育项目，还能促进他们跨学科思维和创造力的发展。在学习民族传统体育项目时，学生不仅要掌握体育技巧，还应通过历史、文化和哲学等学科的学习，培养批判性思维和创新能力。

例如，在学习传统体育项目时，学生可以从历史的角度思考这些项目如何在不同的时代背景中演变，探索文化背景对其形式和内容的影响；从文化的角度探讨这些项目在当代社会中的意义，理解其在全球化进程中的传播和变革；从哲学的角度理解其背后的思想精髓，思考其对现代社会的启示。

通过跨学科的教育，学生能从不同的角度思考问题，培养多维度的思维方式，这不仅有助于他们理解传统体育项目的多重价值，还能激发他们的创造力和解决问题的能力。这种跨学科的教学方法，不仅有助于培养学生的文化素养，还能提高他们在未来社会中的创新能力和适应能力。

（五）跨学科合作与学术资源的共享

为了推动跨学科教学的深入开展，高校应鼓励不同学科之间的合作与交流，尤其是体育学、历史学、文化学、哲学等学科的联合。通过跨学科合作，学生可以在学习传统体育项目的过程中，借鉴其他学科的理论和方法，深化对项目的理解。

高校还应鼓励学术资源的共享,例如通过联合举办学术研讨会、文化交流活动等,邀请不同学科的专家和学者共同参与。这不仅有助于推动对民族传统体育项目的深入研究和文化探讨,还能促进不同学科之间的融合与协作。通过这种跨学科合作,学生能接触到更多元的学术资源,拓宽自身学术视野,提高跨学科整合和创新的能力。

跨学科教学方法为传统体育项目的教育注入了新的活力。通过将历史、文化、哲学与现代科技相结合,传统体育项目的教学能更全面地传递其深厚的文化内涵和社会价值。通过多元视角的综合教学方法、创新的教学手段及跨学科的合作,高校可以为学生提供更加丰富的教育体验,培养他们的批判性思维、创新能力和跨文化理解能力,帮助学生更好地理解并传承民族传统体育文化。同时,学生在这些学科融合的学习过程中,也能培养更广泛的思维方式和解决问题的能力,为未来的多元化社会做出积极贡献。

四、长期性与可持续性发展

在高校开发民族传统体育文化资源的过程中,注重其长期性与可持续性是至关重要的。民族传统体育项目不仅是短期教育活动的一部分,更是承载着深厚文化底蕴的历史传承。为了确保这些文化资源长久传承,并在未来发扬光大,高校应从课程设置、资源投入、人才培养等多个层面进行系统规划,制定长远的战略方案。通过开设专业课程、建设专门的训练基地、培养专业教师等方式,保障民族传统体育文化在高校的持续发展和传承。

(一)开设专业课程与学科体系建设

民族传统体育文化的可持续发展需要系统化的教育体系来支撑。高校应着眼长远,开设与民族传统体育相关的专业课程或学科,确保学生可以在学术框架下深入学习和研究传统体育文化。通过将民族传统体育纳入正式的课程体系,学生可以从理论到实践系统地学习民族传统体育的技巧、历史和文化背景,这不仅能掌握体育技能,还能深入理解其背后的文化内涵。

开设专业课程不仅能为学生提供充足的学习机会,还能培养更多具有专业技能和文化素养的人才。民族传统体育的教学应该覆盖从基础课程到高级课程的多层次内容,以适应不同学生群体的需求。高校可以通过设置选修课、实地实践、文化讲座等方式,让学生在课堂之外也能获得更多关于民族传统体育的知识。

此外,学科体系的建设还包括跨学科的结合,如将历史学、文化学、社会学、哲学等学科内容与传统体育项目相结合,为学生提供更为全面的教育体验,帮助学生从多角度理解传统体育的价值与意义。

(二)建设专门的训练基地

为了确保民族传统体育项目的可持续性和发展,建立专门的训练基地是十分必要的。专门的训练基地不仅可以为学生提供专业化、系统化的训练环境,还能为民族传统体育文化的教学和研究提供物理支持。通过在基地中设置符合传统体育项目的器材和设施,学生能在接触实际项目时,更好地体验和掌握技术要领。

此外,训练基地还可以作为实践和研究的基地,支持与传统体育项目相关的学术研究和文化创新。高校可以通过这些基地,进行民族传统体育项目的创新和发展,同时为其他高校或社会团体提供训练支持,进一步推动民族传统体育文化的普及与传承。

训练基地的建设不仅是教学功能的延伸,更是高校在文化传承中的重要承诺。高质量的设施与专业的指导,能确保学生在传统体育项目的学习中获得最佳的体验和成果,培养他们的兴趣与能力,并为民族传统体育的可持续性发展奠定基础。

(三)培养专业教师与师资力量建设

教师是民族传统体育文化传承的核心力量。为确保民族传统体育项目的教学质量与长远发展,培养一支高水平的专业教师队伍至关重要。高校应注重教师的培养与发展,尤其是民族传统体育领域的专业师资。

教师不仅要具备扎实的民族传统体育技巧,还应拥有深厚的文化素养和教育理念。因此,高校可以开设专门的师资培训班、邀请专家开办讲座、组织学术交流等,不断提升教师的专业水平。同时,教师的培养应注重实践经验与理论研究的结合,培养具备创新精神的教育者。通过系统的教师培训计划,确保教师更好地传授民族传统体育文化的精髓,并将其融入现代教育体系中。

此外，教师队伍的多样化也是提升教学质量的关键。高校可以通过国际化的合作，引入外籍教师和专业人士进行教学与研究，促进文化的双向交流与学习，增强教师队伍的国际化视野与实践能力。

（四）制定长远的发展规划与文化传承

为了确保民族传统体育文化的可持续性，高校需要制定长远的发展规划。这些规划不仅要关注当前的课程和活动，还应对未来的文化传承和发展做出预见。高校应通过持续的政策支持、资金投入和文化资源的整合，确保民族传统体育项目在长期发展中稳步前行。

这一发展规划应包括多方面的内容，例如，推动高校与地方文化机构、政府、社会组织的合作，获取更多的文化支持和社会资源；建立健全的评估与反馈机制，定期评估传统体育项目的教学效果和文化传播状况。此外，规划还应注重传统体育项目的创新与发展，避免其在传承过程中失去活力，而是通过结合现代科技和教育方式，确保项目不断适应新时代学生的需求，保持其活力和吸引力。

（五）增强社会支持与文化传播

民族传统体育文化的长久传承和可持续发展离不开社会的支持。高校应积极拓展与社会各界的合作，寻求政府、企业、文化组织等外部力量的支持，为传统体育项目的教学和发展提供必要的资金和资源。通过社会化的合作与参与，民族传统体育文化可以得到更广泛的传播和普及，扩大其在社会中的影响力。

高校可以通过举办公众文化活动、开设传统体育项目的公开课、组织赛事等，提升传统体育项目的社会认知度和参与度。将传统体育文化传播到更广泛的社会层面，这不仅能增强学生的文化认同感，还能激发社会大众对传统体育的兴趣，促进其在社会中长期发展的潜力。

民族传统体育文化的开发要注重其长期性与可持续性，通过制定长远的发展规划、建立专门的训练基地、培养专业教师等措施，确保传统体育项目在高校内得到持续的教学和研究支持。同时，通过跨领域的合作与社会资源的整合，将民族传统体育文化推广到更广泛的社会层面，为其长期发展奠定坚实的基础。只有在长期规划和持续努力下，民族传统体育文化才能在现代教育体系中继续传承并焕发新的生命力。

第四节 高校民族传统体育文化资源开发的主要方法

一、课程体系建设

为了有效传承和发展民族传统体育文化,高校应将民族传统体育项目纳入课程体系中,设立专业课程或选修课程,提供系统化的教学内容。通过课程体系的建设,学生不仅能在技能层面掌握传统体育项目的技巧,还能从文化、历史和哲学等角度深入了解这些项目的深层次价值。课程体系应当融入现代教育理念,结合实际需求,兼顾理论与实践的平衡,确保学生在学习传统体育项目时能够全面理解其文化内涵及历史背景,培养出更为全面的知识结构和技能。

(一)设置专业课程与选修课程

高校应根据学生的兴趣和需求,合理设置专业课程和选修课程,提供系统化的教育路径。专业课程是传统体育项目教学的核心部分,旨在深入探索民族传统体育项目的技术要领、历史背景及文化内涵。通过设立专业课程,高校能培养具备专业技能的学生,使他们不仅掌握传统体育项目的基本技能,还能深入理解这些项目背后的文化精神与社会价值。具体课程可以包括武术、摔跤等项目,这些课程通过严格的技术性训练,帮助学生在实践中掌握每个项目的要领,培养他们的竞技水平。

选修课程则为学生提供更多的选择空间,满足个人兴趣和发展需求。这些课程应该具有灵活性和包容性,适应不同学科背景学生的需求。例如,学生可以根据自己的兴趣选择学习不同的民族传统体育项目,如舞龙舞狮、柔道、空手道等,通过选修课程,学生可以进一步了解多样化的传统体育项目,扩展文化视野,增强对本民族文化的认同感。

(二)课程内容涵盖技能教学、文化背景与历史传承

民族传统体育项目的教学内容应当具有多维性,既要注重技能教学,也要涵盖其深厚的文化背景和历史传承。技能教学是课程的基础,课程应设计逐步深入的教学计划,从基础技能的培养到高级技术的提升,帮助学生循序渐进地掌握必要的体育技巧。例如,在武术教学中,学生从基本的站姿、步

伐训练开始，逐步学习拳法、剑法等更为复杂的技术动作。

文化背景讲解在传统体育课程中占据着重要的地位。学生不仅需要学会传统体育项目的技巧，还需要理解这些项目所承载的文化内涵。例如，在武术课程中，学生应了解儒家思想和道家哲学等文化理念，了解武术在中国历史中的地位和影响；在跆拳道课程中，学生应学习儒家思想中的"礼、义、廉、耻"等精神，理解其如何影响跆拳道的技术和精神传承。通过文化背景的学习，学生能全面理解这些传统体育项目的精神内涵，并认识到它们对社会和文化的深远影响。

此外，课程内容应加入历史传承部分，介绍每个传统体育项目的历史起源、发展过程及其演变。例如，学习武术时，应探讨其从古代军事训练到民间娱乐，再到艺术表现的演变，分析武术在现代社会中的传承与创新。由此，学生不仅能掌握技术技能，还能深刻理解这些项目在历史长河中的重要性及其对文化传承的作用。

（三）理论与实践相结合的教学模式

传统体育项目的教学应充分注重理论与实践的结合。理论讲解为学生提供了必要的文化背景和知识储备，而实践操作则帮助学生在实际运动中更好地掌握技能。高校应通过实践课程让学生在实际操作中提升技能，同时加深对文化背景和历史传承的理解。

实践教学可以通过课堂演示、实地训练、校内外比赛等多种形式进行。例如，武术和跆拳道的教学可以结合实地训练和表演，通过多样的训练方式帮助学生掌握不同的技法。在进行这些技术训练的过程中，教师不仅讲解动作的技巧，还结合文化背景与哲学思想，让学生在练习时理解每个动作背后的深层含义。通过这样的方式，学生能更好地体会到传统体育项目的文化和精神价值，从而在技能提升的同时，更加深入地认同这些项目所承载的文化。

（四）教学资源与教材的开发

为了确保民族传统体育课程的高效实施，高校需要开发专门的教材和教学资源。这些教材应涵盖传统体育项目的技术要领、文化背景、历史传承等内容，并结合实际案例进行讲解。教材内容要深入浅出，既能满足初学者的需求，又能为高级学员提供更深度的学习资料。例如，教材中可以通过具体的实例说明传统体育项目在不同历史时期的演变，结合文化哲学进行分析，帮助学生更全面地理解。

此外，高校应充分利用现代科技手段，开发数字化教材、教学视频、虚拟课堂等现代教学资源。通过在线学习平台，学生可以随时随地进行学习和复习，尤其是对于复杂的技术动作，视频教学和动画演示可以帮助学生更直观地掌握。虚拟课堂可以模拟实际训练环境，学生在虚拟世界中进行运动训练，克服现实中的空间和设备限制。这些数字化资源不仅提升了教学的灵活性和互动性，也让学生在多样化的学习方式中，获得更为全面的教育体验。

（五）定期评估与持续改进

为了确保民族传统体育课程的持续性和有效性，高校应定期进行课程评估与改进。通过评估学生的学习成果、收集教学反馈，了解学生在学习过程中遇到的困难和问题，及时调整课程内容和教学方法，确保课程始终与学生的需求和时代发展相适应。

此外，课程评估不仅要注重技能掌握情况，还应关注学生的文化认同感和思想成长。例如，评估学生对传统体育项目文化内涵的理解、对历史传承的认同以及对民族传统体育的参与度，能更全面地反映课程实施的效果。通过评估，教师可以识别哪些内容和方法最能激发学生兴趣，哪些方面需要改进，从而为后续课程优化提供依据。通过持续改进，高校能确保民族传统体育课程不断进步，并在学生的文化认同和体育技能培养方面发挥更大作用。

通过专业课程和选修课程的设置、技能教学与文化背景的结合、理论与实践的融合、高质量的教学资源开发以及定期的评估和持续改进，高校能为学生提供全面、深入的民族传统体育教育。这种跨学科、综合性的教学模式不仅帮助学生掌握体育技能，还促进他们对传统文化的理解和认同，增强文化自信。最终，通过系统的课程设计和教学实践，高校不仅能培养出具有专业能力的学生，也能为传统体育文化的传承与发展贡献力量。

二、校园活动与实践平台的搭建

高校在推动民族传统体育文化资源开发的过程中，举办校园活动和搭建实践平台是至关重要的一环。通过举办传统体育赛事、文化节等活动，高校能为学生提供展示自我、实践所学的机会，同时也能提升学生的兴趣，增强团队合作精神和实践能力。此外，这些活动不仅能丰富校园文化生活，还能为校园内外提供文化交流的机会，推动民族传统体育文化的传播，进而增强文化认同感和自豪感。

（一）传统体育赛事的举办

传统体育赛事是校园活动中极具互动性和影响力的形式。通过组织各类传统体育比赛,学生不仅可以展示自己的体育技能,还能通过竞技中体现出的文化价值加深对传统体育项目的理解和认同。例如,通过举办武术比赛、跆拳道对抗赛、舞龙舞狮表演这些赛事,高校能够鼓励学生在竞争中发扬体育精神,培养他们的毅力、责任感和合作意识。同时,比赛活动也能激发学生对传统体育项目的兴趣,使这些项目不再局限于理论学习,而是成为学生实践和体验的一部分。在赛事的组织和参与过程中,学生能学到更多的体育技巧,也能通过比赛,增强自己的文化自信。

此外,传统体育赛事还可以吸引校外观众的参与,提升赛事的社会影响力。通过邀请社区居民、地方政府代表、文化机构等参与比赛,赛事能成为校园与社会之间互动的重要桥梁,推动民族传统体育文化的传播和交流。

(二)文化节与多元活动的策划

文化节也是常见的校园活动形式。通过举办传统体育文化节,学校能集结多个民族和地域的传统体育项目,让学生有机会体验不同文化背景下的体育项目,感受多样性的文化氛围。例如,可以在文化节中展示武术、跆拳道、摔跤、舞龙舞狮等项目,使学生有机会了解民族传统体育的丰富性和深刻内涵。

文化节的举办不仅仅是一个展示平台,还是一个互动交流的机会。学生可以通过表演、讲解、策展等形式,深入学习并展示民族传统体育项目,同时也可以通过与来自不同地区、民族的学生互动,增进对不同文化的理解和认同。这种多元化的文化交流有助于提升学生的全球视野,促进跨文化的理解和尊重,推动校园文化的和谐发展。

通过文化节等活动,学生能在轻松愉快的氛围中更好地理解和体验传统体育项目,激发他们的兴趣和参与热情。并且,文化节还可以作为校园的品牌活动,吸引校外人士的参与,提高校园文化的知名度和影响力。

(三)实践平台的搭建与团队合作

为学生提供充足的实践机会和平台,是促进民族传统体育文化发展的关键。高校可以通过建立体育俱乐部、兴趣小组、传统体育社团等形式,为学生提供一个长期的实践平台。通过这些平台,学生可以在课外活动中参与更多的传统体育项目,进一步锻炼技能,增强对文化的理解和认同。

在这些实践平台中,团队合作精神是不可忽视的重要元素。民族传统体育项目往往强调集体合作与协同作战,许多传统项目如舞龙舞狮、龙舟运动等，需要学生们在团队中互相配合、共同进步。通过参与团队活动，学生不仅能提高体育技能，还能在实践中培养团队合作精神、领导能力和责任感，这对他们未来的社会生活和职业生涯有着积极影响。

此外，实践平台也为学生提供了展示自我和提高自信的机会。通过参加各类比赛和表演，学生能在实际操作中不断提升自己的能力，增强自我表达和自我展示的信心。这种实践经历也有助于他们更好地理解民族传统体育的精髓，加深对民族文化的认同。

（四）跨校交流与文化传播

校园活动还可以成为文化交流的重要平台。高校可以通过举办跨校的传统体育赛事和文化节，促进校际之间的文化交流与互动。通过与其他高校的合作，不同学校的学生可以相互交流和学习，提升自身对传统体育项目的理解和欣赏。同时，这种跨校交流活动能将民族传统体育项目推广到更广泛的学生群体中，增强其在全社会的影响力。

高校还可以通过组织国际交流活动，将传统体育项目推向全球，通过邀请国际学生、外国教师或外籍专家参与到传统体育项目的教学和比赛中，促进民族传统体育文化的国际传播。通过这种跨文化的交流，学生不仅能展示自己的传统体育技能，还能从全球视角了解传统体育项目的多样性和全球价值，增强对中国传统文化的自信和认同。

（五）激发学生的兴趣与长期参与

长期的兴趣和参与是民族传统体育项目得以持续发展的根本。通过举办具有吸引力的活动，如传统体育体验营、暑期训练营等，学生可以长时间深入参与传统体育项目的学习。高校应当在活动中注重活动的娱乐性与挑战性，通过设置不同难度的训练和比赛，激发学生的兴趣，增加他们参与的动力。

同时，活动的设计应当兼顾教学性和趣味性。例如，结合节庆、节日等时机，安排富有特色的传统体育表演、互动游戏等形式，创造轻松愉快的氛围，使学生获得乐趣的同时，潜移默化地接触和了解传统体育文化。

通过校园活动与实践平台的搭建，高校不仅为学生提供了展示自我和实践所学的机会，还能通过各种形式的活动增强学生的团队合作精神、实践能力和文化认同感。举办传统体育赛事、文化节以及建立实践平台，不仅能激发学生的兴趣，还能推动民族传统体育文化的传播与交流，促进文化的多元发展。

三、师资培训与学术研究

在民族传统体育文化的开发与传承过程中，高校的师资培训和学术研究扮演着至关重要的角色。定期的教师培训、学术研讨等活动，不仅能提升教师的专业素养和文化理解能力，还能激发他们的创新思维和教学方法。此外，高校还应通过设立相关研究机构，推动民族传统体育文化的学术研究，为项目的创新和发展提供理论支持和学术保障。只有不断加强教师队伍建设和学术研究，才能确保民族传统体育文化在教育体系中的持续性和创新性。

（一）提升教师专业素养与文化理解能力

民族传统体育文化的教学不仅仅是技术性的训练，更多的是文化和哲学的传承。因此，教师必须具备深厚的文化素养和专业技能，才能有效地向学生传递这些传统体育项目背后的文化精神。高校应定期开展师资培训，提升教师的教学能力、文化理解力和教学方法。

师资培训应当涵盖多个方面，包括传统体育项目的技艺技巧、文化背景的理解、历史渊源的讲解等内容。通过邀请专家学者开办讲座、开展工作坊等方式，帮助教师深入了解传统体育项目背后的文化价值和哲学思想。同时，高校还应注重教师现代教育理念的培养，推动教学方式的创新，让教师在保持传统文化精髓的同时，运用现代教育技术和方法提升课堂的互动性和吸引力。

此外，教师的跨学科素养同样重要。例如，历史、哲学、社会学等学科的知识，可以帮助教师更好地理解民族传统体育项目的深层次文化内涵，进而在教学中融入多维度的文化阐释。通过不断提升教师的综合素质，为学生提供更具深度和广度的教学体验。

（二）定期举办学术研讨与教育交流

为了增强教师对民族传统体育文化的理解，学术研讨和教育交流至关重要。高校应定期组织民族传统体育相关的学术研讨会、教育交流会等活动，邀请国内外的专家学者、文化传承人和教育工作者共同参与，深入讨论民族传统体育文化的最新研究成果和发展趋势。

通过学术研讨会，教师们不仅可以交流教学经验，还能通过与专家学者的互动，提升自己对传统体育文化的认识。教师的学术视野得以拓宽，能更好地将新的学术成果和思想理念应用于教学实践中，从而推动民族传统体育项目的教学创新和文化传承。此外，学术研讨会还能为民族传统体育文化的传播和发展提供学术支持，为后续的学术研究奠定基础。

教育交流活动则有助于推动国内外高校之间的合作与学习。通过与国际院校、文化机构的交流合作，教师能借鉴国外在传统体育教育方面的经验，学习先进的教学理念和方法，同时将中国的民族传统体育文化推向全球，促进跨文化的教育合作。

（三）建立相关研究机构推动学术研究

为了进一步促进民族传统体育文化的学术研究，高校应考虑设立专门的研究机构或研究中心，集中力量开展相关领域的研究工作。研究机构的成立能为教师和学生提供专业的研究平台，推动学术研究的系统化和专业化，进一步推动民族传统体育文化的理论创新与实践应用。

这些研究机构可以专注于民族传统体育项目的历史渊源、文化价值、哲学思想等方面的研究，同时也可以针对现代社会中民族传统体育的适应性和创新性进行探索。例如，如何在现代教育体系中更好地融入传统体育项目，如何通过科技手段提高传统体育项目的教学效果，如何推动民族传统体育项目在全球化背景下的发展等，都是值得研究的课题。

此外，研究机构还可以与其他学科进行合作，进行跨学科的联合研究。比如，结合体育学、文化学、历史学、社会学等多学科的知识，进行民族传统体育项目的全面研究和理论探讨。这些学术研究能为民族传统体育项目的创新和发展提供理论支持，并推动民族传统体育文化的现代化转型。

（四）促进传统体育文化的创新与发展

学术研究不仅仅是对传统体育项目的回顾和传承，更应注重创新和发展的探索。高校可以通过研究机构和学术团队，深入探讨如何将传统体育项目与现代社会需求相结合，推动其创新与发展。例如，如何在保护传统文化的基础上，适应当代学生的兴趣和需求，如何利用现代科技如 VR、AR 等提升传统体育项目的教学体验，如何将传统体育项目与现代体育赛事相结合等，都是创新发展的关键方向。

学术研究的创新不仅能增强民族传统体育项目的现代适应性，还能为其在全球化背景下的传播提供支持。通过推动学术研究与实践的结合，能探索出一条适合时代发展的民族传统体育文化创新道路，确保其在现代教育体系中焕发新的生命力。

(五)支持教师的科研与教育实践

为了促进教师在民族传统体育文化领域的学术研究和教育创新,高校应当为教师提供科研支持,包括课题经费、研究材料、学术交流机会等。此外,高校还应鼓励教师将科研成果转化为教学实践,推动理论与实践的有机结合。教师科研与教学实践的双向互动,能不断优化民族传统体育项目的课程设置、教学方法和教育理念,确保民族传统体育文化的传承与创新持续推动。

民族传统体育项目的师资培训和学术研究是推动其长远发展的关键。通过提升教师的专业素养、举办学术研讨、建立专门的研究机构和推动创新发展,高校能为民族传统体育文化的传承与创新提供坚实的理论支持和实践保障。只有不断加强教师队伍建设和学术研究,才能确保民族传统体育文化在现代社会中的持续发展和传播。

四、社会合作与资源整合

在民族传统体育文化的开发过程中,高校不仅要依靠内部资源,还需与地方文化机构、民族地区政府、社会组织等建立紧密合作关系,整合社会资源,为民族传统体育项目的推广提供必要的资金、设施和专业支持。通过积极的社会合作,高校能拓宽学生的实践平台,增强民族传统体育项目的社会影响力,同时促进项目的可持续发展和更广泛的传播。

(一)与地方文化机构的合作

地方文化机构是民族传统体育文化传播的重要力量。高校可以与地方文化机构进行深入合作,共同开展传统体育项目的研究、推广与传承。例如,地方文化馆、民间艺术团体等可以作为高校的合作伙伴,为民族传统体育项目的文化活动提供支持。这些文化机构通常拥有丰富的地方文化资源和较强的实践经验,通过与其合作,高校能为学生提供更多的学习和实践机会。

合作内容可以包括联合举办传统体育文化节、组织地方传统体育项目的展览和演出、举办讲座和研讨会等活动。通过这些活动,学生不仅能接触到更多的民族传统体育项目,还能通过实践活动亲身体验和参与文化的传承。地方文化机构的资源整合能为高校提供更加丰富的文化背景和实践平台,增强民族传统体育项目的文化影响力。

(二)与民族地区政府的合作

民族地区政府在支持民族传统体育文化的发展方面具有重要作用。高校应与民族地区政府建立紧密的合作关系，推动传统体育项目的地方性传承与发展。政府不仅可以为项目提供资金支持，还能在政策层面给予支持，帮助高校打破传统体育项目发展中的瓶颈问题。

通过与政府的合作，高校可以获得更多的资源支持，尤其是在传统体育项目的场地建设、专业培训、宣传推广等方面。政府可以协助高校搭建传统体育项目实践平台，并通过政策引导，为高校传统体育文化活动提供保障。此外，地方政府还可以协调非营利性组织、企业等力量，进一步促进民族传统体育项目的社会化传播，确保项目长期、可持续发展。

(三)与社会组织的合作

社会组织，特别是非政府组织（NGOs）和民间文化团体，是推动民族传统体育文化发展的重要力量。高校可以与这些社会组织进行合作，共同组织民族传统体育项目的传承与创新。社会组织通常在推广文化、组织活动和吸引公众参与方面有丰富的经验，能帮助高校将民族传统体育文化活动推向更广泛的社会层面。

通过与社会组织的合作，高校可以联合开展社会实践、志愿者服务、文化交流等活动。社会组织还可以协助高校提供教学支持，如邀请传统体育项目的传承人、专家和文化工作者参与教学，为学生提供更为丰富的学习经验。通过社会组织的协作，高校不仅能获得更多的资源支持，还能通过社会化的力量推动传统体育项目的普及和发展，增加项目的社会影响力。

(四)拓宽学生的实践平台

社会合作能为学生提供更加丰富的实践平台，提升他们在民族传统体育项目中的实践能力和文化认同感。通过与社会各界合作，高校可以组织学生参与更多的实践活动，如传统体育比赛、文化交流、社区活动等。学生通过参与这些活动，不仅能锻炼自己的传统体育技能，还能在实践中加深对民族文化的理解和认同。

例如，高校可以与地方文化机构合作，组织学生参加地方的传统体育项目和文化节庆活动，增强学生对地方文化的了解。通过这些实践平台，学生能体验到传统体育项目的独特魅力，提升他们的团队合作能力、沟通能力和文化素养。

（五）增强项目的社会影响力

通过社会合作，民族传统体育项目的社会影响力能得到有效提升。高校与地方政府、文化机构、社会组织等的合作，将民族传统体育文化项目从校园推广到社会，并吸引更广泛的社会群体参与。通过举办传统体育赛事、文化展览、国际交流等活动，高校能吸引媒体关注，扩大项目的社会认知度和影响力。

高校还可以通过与企业合作，推动民族传统体育项目的产业化发展。例如，可以通过合作开发与传统体育项目相关的体育器材、文化产品等，推动其在市场中的流行和消费，进一步增加项目的社会曝光度和经济效益。这种社会化的资源整合能促进传统体育项目在现代社会中的持续发展和创新。

社会合作与资源整合对民族传统体育文化的传承与发展至关重要。高校通过与地方文化机构、民族地区政府、社会组织等的合作，不仅能获得更多的资源支持，还能为学生提供丰富的实践平台，增强民族传统体育项目的社会影响力。在跨社会层面的合作中，高校能利用外部资源推动传统体育项目的创新与传播，从而确保这些项目能够在现代社会中长久发展，推动民族文化的传承与发扬光大。

高校民族传统体育文化资源的开发涉及多方面的内容，核心要素、目标定位、基本原则和主要方法的明确，为资源的高效开发提供了理论和实践指导。通过有效的资源开发，高校能推动民族传统体育文化的传承和创新，提升学生的文化认同感和综合素质，为文化自信和社会发展作出积极贡献。

第四章　高校民族传统体育文化资源数字化传承的契机与困境

随着数字化技术的迅猛发展，民族传统体育文化资源的数字化传承已成为推动文化传承与创新的重要途径。有效的数字化传承可以帮助保存和传播传统体育文化，同时提升学生的学习体验。然而，在这一过程中也面临着一些阻碍和风险，需要深入分析并采取相应措施。

第一节　高校民族传统体育文化资源数字化传承的时代契机

一、信息技术的飞速发展

随着互联网、大数据、人工智能（AI）、VR、AR等信息技术的飞速发展，数字化工具为民族传统体育文化资源的存储、传播和教学提供了强有力的支持。这些技术的应用，不仅能够有效解决传统体育项目在传承和教育中所面临的诸多挑战，还能提升其在现代教育中的适应性和吸引力。通过数字化手段，高校可以更好地保存和传承民族传统体育项目，同时利用先进的技术手段，提高学生的学习效率和兴趣，推动民族传统体育文化的创新发展。

（一）数字化存储与保存传统体育资源

传统体育项目的传承面临着许多现实挑战，其中之一就是资源的保存和长期保护。传统体育项目不仅包括技艺动作，还涵盖大量的文化背景、历史资料和哲学思想。数字技术的应用能有效解决这一问题，通过高效的数字化存储，使这些珍贵的资源得以长期保存，防止因时间流逝或其他外部因素造成文化遗失。

利用数字化手段，高校可以将传统体育项目的教学视频、图像资料、技术动作等内容转化为数字化格式,并存储在云端或数据库中,方便随时访问和使用。这些数字化的教学资源可以在全球范围内进行共享,突破时间和空间的限制,让更多的人接触到民族传统体育文化。数字化存储不仅可以保护传统体育项目,还能将其有效传播,扩大其影响力。

此外,数字化存储也可以为项目的研究和创新提供便利。例如,科研人员可以通过对大量数字化数据的分析,发掘和总结出传统体育项目中的技术要点和文化内涵,为后续的教学和发展提供理论支持。

（二）VR 技术与 AR 技术的应用

VR 和 AR 技术在教育领域尤其是在体育教学中,具有巨大的应用潜力。通过 VR 技术,学生可以身临其境地体验传统体育项目,感受实际场景中的动作和技巧。这种沉浸式体验不仅增强了学习的互动性,还能帮助学生更好地理解和掌握复杂的技术动作。例如,学习武术的学生可以通过 VR 技术模拟练习各种拳法、剑法等动作,不仅能提高技术熟练度,还能增强动作的连贯性和精准性。

AR 技术则通过在现实世界中叠加虚拟信息,使学生能在现实场景中看到虚拟对象或动作的模拟。这种技术可以在传统体育项目的教学中应用,例如通过 AR 眼镜,学生可以看到教师示范动作的同时,系统会在学生身上叠加虚拟的动作框架,帮助学生更好地理解动作要领和姿势要求。AR 技术与教育的结合,有助于提升学习的效果,让学生更直观地理解动作的细节,并在实践中更快地掌握。

（三）大数据分析与个性化学习

大数据技术为民族传统体育项目的教学提供了个性化发展的可能性。通过对学生学习过程中的数据进行采集和分析,高校可以了解学生在传统体育项目学习中的表现、进展以及存在的困难。根据这些数据,教师可以为每个学生制定个性化的学习计划,帮助他们在传统体育技能的学习过程中找到适合自己的发展路径。

例如,通过收集学生在武术练习中的动作数据,教师可以分析出学生在动作完成度、速度、力度等方面的优缺点,从而为学生提供精准的反馈和改进建议。这种数据驱动的个性化学习,不仅能提高学生的学习效率,还能促进他们在技能上的突破。

同时,大数据技术还可以帮助高校评估传统体育项目教学的整体效果。通过对大规模数据进行分析并得出结论,高校可以了解不同学生群体对各类传统体育项目的接受度、兴趣度等,从而为课程设置和教学策略的调整提供依据。

（四）互联网平台与在线学习的普及

互联网技术为民族传统体育项目的在线学习和远程教育提供了全新的平台。通过在线课程和教学视频,学生可以随时随地学习传统体育项目的基础知识、技能要点和历史文化,不受地点和时间的限制。高校可以利用网络平台开设传统体育项目的在线课程,提供录制好的教学视频,设置在线讨论区和互动环节,使学生可以在课程之外进行自主学习和实践。

学生在线学习不仅能接触到传统体育项目,还能通过互联网平台与国内外的传统体育爱好者和专家进行交流与互动,进一步拓宽视野,增强自身对传统体育文化的认知和兴趣。通过这种线上学习与线下实践相结合的方式,学生能更灵活地安排学习时间和进度,同时加深对传统体育项目的理解与掌握。

（五）数字化平台的互动性与跨文化传播

除了教学应用外,数字化平台还能促进民族传统体育文化的跨文化传播。通过数字化技术,传统体育项目可以以更加生动和互动的形式呈现给全球观众。例如,利用直播平台、社交媒体和短视频平台,民族传统体育的赛事、表演等可以吸引全球观众的关注,提升民族传统体育文化的国际影响力。

通过社交媒体,学生和体育爱好者可以分享自己的学习和实践成果,参与全球范围内的交流与比赛。借助数字平台的互动性,传统体育项目能跨越地域和语言的障碍,将中国传统文化传播到世界各地,增进国际社会对中华文化的了解与认同。

信息技术的飞速发展为民族传统体育文化的保存、传播和教学提供了前所未有的机遇。通过数字化存储、VR 和 AR 技术、大数据分析等技术手段,民族传统体育项目不仅能高效地保存与传承,还能增强教学的互动性和趣味性,提升学生的学习体验。此外,互联网平台的普及和跨文化传播的拓展,能将民族传统体育文化推广到更广阔的全球舞台。信息技术的应用,不仅为民族传统体育文化的现代化转型提供了动力,还为其在全球化背景下的传播与发展打开了新天地。

二、国家文化政策支持

国家对传统文化的重视和对文化遗产保护的相关政策为民族传统体育

文化的数字化传承提供了政策契机。近年来，我国在文化遗产保护方面出台了多项政策，积极推动传统文化资源的数字化转型。这些政策的出台为高校开展民族传统体育文化的数字化工作提供了明确的方向和政策支持，推动了民族传统体育文化的传承与创新。通过国家政策的引导，更多的高校、文化机构和社会组织积极参与到数字化传承的事业中，为民族传统体育文化的持续发展提供了强有力的保障。

（一）国家文化政策的引导与支持

近年来，国家对文化遗产，尤其是民族传统体育文化的保护与传承给予了极大的关注，出台了一系列支持政策，为传统文化的数字化传承提供了清晰的法律框架和政策依据。例如，国家文化部门发布了《关于加强文化遗产保护工作的若干意见》，明确提出要推动传统文化的数字化保护，尤其强调非物质文化遗产的数字化转型。此外，文化部、教育部等部门也出台了多个政策文件，指定传统文化数字化的重点任务，明确了各项工作的具体方向和要求。

这些政策的出台，增强了社会对民族传统体育文化的关注，并为高校提供了明确的政策支持和实施指南。通过政府的引导，相关文化机构和高校能更加精准地规划和落实民族传统体育项目的数字化工作，确保这一文化遗产以更现代化的、可持续的方式传承下去。国家政策不仅为这些传统项目的保护和传承提供了框架，还促进了地方文化资源的利用与整合，推动了传统体育文化在数字平台上的多元发展。

（二）文化遗产保护的政策推动数字化转型

随着科技的迅速发展，传统的文化遗产保护方式已经无法满足现代社会的需求，数字化转型成为保护民族传统体育文化的重要途径。近年来，国家文化政策积极推动文化遗产的数字化进程，尤其在民族传统体育项目的数字化方面，国家通过一系列支持政策，鼓励将这些传统文化资源转化为数字化形式，不仅提高了这些文化资源的保护效率，还增强了它们的传播力与影响力。

例如，"数字化文化遗产保护工程"已成为国家文化遗产保护的重要组成部分，国家资助项目通过数字技术的手段对传统体育项目进行存储、展示与传播。数字化手段不仅能保存传统体育项目的核心元素，还能方便未来几代人进行学习与研究。这一政策的推动，使越来越多民族传统体育项目得到了数字化的保存与呈现，为全国高校提供了优秀的示范经验，推动了数字化教育平台的建设,帮助更多学生通过数字化资源接触到民族传统体育文化,提升其学习与传承的便捷性和有效性。

(三)鼓励高校和文化机构参与数字化传承

国家文化政策的实施,为民族传统体育文化的数字化传承提供了明确的方向和框架,并鼓励高校和文化机构广泛参与其中。作为知识传播和文化创新的中心,高校在民族传统体育文化的传承和创新中肩负着重要责任。国家通过提供资金、技术支持和政策保障,鼓励高校开展民族传统体育文化的数字化工作,并推动与文化机构的合作。

例如,国家通过文化专项资金、数字化转型项目等形式为高校和文化机构提供资金支持。这些资金帮助高校开展民族传统体育文化的研究,开发数字化教材,建设数字化学习平台等。此外,国家还鼓励高校与地方文化机构、非物质文化遗产传承人等展开合作,共同推动民族传统体育文化的数字化保护和传承。这些合作不仅增强了高校的文化传承能力,还提高了民族传统体育项目的社会影响力,推动其在现代教育和社会生活中广泛传播。

(四)政策支持推动社会各界的共同参与

民族传统体育文化的数字化传承不仅仅是高校的责任,更需要全社会各界力量的广泛参与。国家文化政策的出台,鼓励社会机构、企业和文化组织共同关注和支持民族传统体育文化的数字化工作,形成强大的社会合力。例如,企业和社会组织可以提供资金支持、技术开发和平台建设,为数字化项目的快速推进提供有力保障。同时,非物质文化遗产的传承人和文化专家也可以参与数字化项目的实施,利用他们的实践经验和文化知识,推动民族传统体育项目的创新与发展。

这种跨部门、跨行业的合作模式为民族传统体育文化的数字化传承创造了有利条件。政府、企业、学术机构和文化组织共同合作,使资源得以有效整合,确保传统体育文化的数字化传承能快速发展,并且确保这些项目获得广泛的关注和参与,最终推动其在全球范围内的传播。

(五)政策支持促进民族传统体育文化的创新与发展

在民族传统体育文化的数字化转型过程中,创新起着至关重要的作用。国家政策不仅推动了传统体育文化的数字化保护,更促进了这些传统项目在现代教育和社会需求中的创新发展。政策支持为高校提供了更多研究和创新的机会,推动民族传统体育项目在教育、科技、文化等多个领域的创新。

高校可以利用现代科技手段，如VR、AI、大数据等，推动传统体育项目的数字化呈现和创新。例如，学生可以通过VR技术体验传统体育项目的实践训练，这不仅可以提升学习体验，还能帮助学生更深入地理解这些项目的文化内涵和技术要领。政策支持还鼓励高校通过创新的教学方式和数字化技术，开发新的教学平台和学习资源，满足新时代学生的学习需求。

总之，国家文化政策推动民族传统体育文化的数字化传承，不仅有助于保存和传承传统体育项目，还促进了这些项目的创新与发展。政策的引导和支持，使民族传统体育文化在现代教育体系中焕发出新的活力，为文化遗产的保护、传承和创新提供了强有力的保障。

三、全球化背景下的文化传播需求

随着全球化的快速推进，民族文化的跨文化传播已成为提升国家文化影响力的重要途径。数字化技术的进步为传统体育文化项目的传播提供了前所未有的机会，使其突破地域和时间的限制，借助网络平台迅速传播到世界各地。这不仅有助于让世界了解中华民族的体育文化，还能吸引更多国际人士参与其中，从而实现文化的全球传播。高校作为文化教育的前沿阵地，可以利用这一全球化契机，推动民族传统体育文化通过数字化手段走向国际化平台，进一步增强国家的文化软实力。

（一）全球化背景下的文化传播机会

全球化进程随着不断加速，国家之间的文化交流日益频繁，传统文化的跨文化传播成为国家文化影响力的关键组成部分。特别是在互联网和数字化技术的支持下，文化传播的方式和速度发生了深刻的变化。数字化工具让传统体育项目突破地域和时间的束缚，通过各种在线平台进行快速传播，获得全球观众的关注。

民族传统体育项目，如中国武术、摔跤、舞龙舞狮等，经过数字化的转型后，不仅在国内得到更好的传播和发展，还能进入国际市场，吸引外国观众和参与者。这为中华民族的传统体育文化提供了一个走向世界的机会，使传统体育不仅仅是地方性文化的象征，而成为全球文化交流和传播的一部分。

（二）数字化平台助力文化的全球传播

数字化技术，尤其是互联网和社交媒体的普及，使传统体育文化的传播更为高效和广泛。通过视频网站、社交媒体、直播平台等多种数字化平台，民族传统体育项目能迅速传播到世界各地。这些平台不仅提供了广泛的受众基础，还使民族传统体育文化得以实时互动和交流，提升了文化的传播深度和广度。

高校可以通过搭建专门的数字平台，发布传统体育项目的教学视频、赛事直播、文化讲解等内容，吸引全球观众的关注。例如，可以通过微博、抖音、YouTube 等社交媒体平台，发布武术项目的短视频和比赛实况，展示中华民族独特的体育文化魅力。此外，利用 VR、AR 等技术，传统体育项目还可以通过更沉浸式的体验方式，让全球观众身临其境地感受这些项目的独特性和文化底蕴。

（三）高校推动民族传统体育文化的国际化

高校作为文化教育的中心，承担着民族传统体育文化推广的重要使命。在全球化的背景下，高校不仅要为国内学生提供传统体育项目的教育和体验，还应积极推动这些项目的国际化传播。高校可以通过多种方式，推动民族传统体育文化走向国际化平台，提升其在全球范围内的知名度和影响力。

一方面，高校可以通过与国际高校、文化机构的合作，开展跨国文化交流活动。例如，可以邀请外国学生参与到民族传统体育项目的学习和实践中，通过师生交流、文化讲座、体育赛事等形式，向全球展示中国传统体育文化的独特魅力。另一方面，高校可以举办国际传统体育赛事和文化节，邀请世界各地的体育爱好者和文化学者参与。这些国际化的活动不仅能让外国观众更直观地了解中华民族的体育文化，还能促进跨文化的理解与交流。

（四）提升文化软实力与国际形象

通过数字化传播和国际化平台的搭建，民族传统体育文化能在全球范围内获得更广泛的认知和尊重。这种文化的传播不仅能提升中华文化在世界的影响力，还能增强国家的文化软实力。文化软实力是国家综合实力的重要组成部分，能在全球化背景下提升国家的国际地位和话语权。

高校在推动民族传统体育文化国际化过程中，通过举办文化活动、国际赛事等多样化的形式，能提升国家文化的全球认同度和国家形象。通过数字化平台的传播，高校不仅能展示传统体育项目的历史和文化，还能传递现代中国在全球舞台上的文化自信和创新能力。

例如,通过将中国武术、太极等传统体育项目的国际赛事与文化交流相结合,吸引世界各国观众和参赛者的参与,不仅能弘扬民族文化,还能加强不同文化之间的沟通与理解,推动文化的和平交流与融合。随着这些项目的全球化,中华文化将更加深刻地影响世界,进一步提升中国在全球文化中的话语权。

(五)跨文化传播与文化认同的强化

民族传统体育项目的国际传播不仅仅是文化展示,也是跨文化理解和认同的桥梁。民族传统体育项目的推广,可以使世界各地的观众了解并体验中华文化的独特之处,从而增强他们对中国文化的认同和尊重。这种跨文化的传播能帮助不同国家和地区的人们克服文化差异,推动全球范围内的文化共融与和平发展。

高校通过数字化手段推动民族传统体育文化走向全球,不仅能扩展学生的全球视野,还能增强他们的文化自信和文化认同感。在全球化时代,文化的认同和理解对于促进国际交流与合作具有重要意义,而民族传统体育文化正是这一文化传播的重要内容。

全球化背景下,民族传统体育文化的传播面临着前所未有的机遇和挑战。通过数字化手段,高校能突破地域与时间的局限,使传统体育项目得以在全球范围内传播。借助现代技术平台,高校不仅能提升中华民族体育文化的影响力,还能通过国际化的文化交流活动推动民族传统体育文化走向世界,增强国家的文化软实力。通过这种跨文化传播,世界各国能更加理解和尊重中华文化,同时也促进了文化的多元发展和全球认同。

四、学生对数字化学习的接受度高

随着信息时代的快速发展,高校学生群体生活在一个高度数字化的环境中,对数字化学习方式的接受度普遍较高。相比传统的课堂教学模式,数字化学习提供了更为灵活、高效的学习方式,能让学生随时随地通过手机、电脑等工具进行学习。对于民族传统体育项目的学习,数字化技术能突破时间和空间的限制,不仅帮助学生更好地掌握技能,还能提高学习的互动性和趣味性,增加学生的学习兴趣和参与度。

(一)高校学生的数字化学习习惯

现如今的大学生几乎都是"数字原住民",他们从小就接触互联网、智能手机、社交媒体等数字化工具,对于信息的获取和处理方式与传统教育体系下的学生存在显著差异。数字化学习已经成为他们日常学习的一部分,他们习惯通过移动设备、网络平台获取知识和提升技能。这种学习方式不仅更加便捷、灵活,还能根据个人需求和兴趣进行定制。

高校可以利用学生对数字化学习的接受度高这一特点,设计更多的线上民族传统体育课程,利用视频教学、互动平台和在线辅导等方式,让学生在课外时间也能方便地学习民族传统体育项目的技能和文化知识。这种灵活的学习方式既能增强学生的学习动力,又能让他们更加高效地掌握传统体育项目的技巧。

(二)数字化传承提升学生参与度

数字化学习的优势之一是互动性和趣味性。通过视频、图像、VR 和 AR 等技术,学生可以更直观地学习传统体育项目的动作和技巧,增强其参与感和体验感。例如,学生可以通过 VR 技术身临其境地参与武术、摔跤、跆拳道等项目的练习,不仅提高了技术操作的准确性,还能在虚拟环境中感受这些项目的文化氛围,提升他们对传统体育的理解。

另外,互动式学习平台能在学习过程中加入互动环节,比如在线讨论、实时反馈、虚拟比赛等,极大地增强了学生的参与感。通过这些互动和反馈,学生不仅能更好地掌握体育技能,还能通过竞争和合作增加对民族传统体育项目的兴趣和投入,从而保持长期的学习热情和动力。

(三)移动设备与在线课程的便利性

现代大学生几乎都拥有智能手机、平板电脑或其他移动设备,这些设备为他们提供了随时随地学习的可能。通过移动设备,学生可以在空闲时间观看民族传统体育项目的教学视频,学习技术动作,或是通过线上平台参与互动式的学习。尤其在校外、课外或是假期期间,学生可以利用这些设备继续跟进学习内容,不受地点和时间的限制。

高校可以开发专门的移动应用程序和在线课程平台,为学生提供民族传统体育项目的课程内容、练习教程、互动交流平台等。通过这些平台,学生可以根据自己的进度进行个性化学习,同时也能与其他学习者进行在线交流、讨论和合作，进一步增强他们对传统体育项目的兴趣和理解。

（四）数字化学习提升传统体育项目的可接触性

传统体育项目的学习和传承长期依赖于面对面的教学和实践，这种方式虽然能提供直接的体验，但在学生人数众多的情况下，往往存在资源和时间上的限制。而数字化学习使民族传统体育项目突破这些局限，成为更为广泛可接触的学习资源。

通过数字化技术，传统体育项目可以制作成高质量的教学视频、图解教程和互动课程，使不论学生身处何地，都能通过在线平台进行学习。这种高可接触性的学习方式让更多学生有机会接触到传统体育项目，拓宽了他们的兴趣和视野。尤其是对于一些地理位置偏远的高校或学生，数字化学习为他们提供了与其他地区学生同等的学习机会，促进了民族传统体育文化的普及与传播。

（五）培养学生的自主学习与终身学习能力

数字化学习不仅帮助学生掌握传统体育项目的技能，更重要的是培养了他们的自主学习能力和终身学习意识。在传统体育教学中，学生往往依赖教师的指导和课堂上的教学，而数字化学习则让学生可以根据自己的兴趣和节奏自主学习，拓展学习的深度和广度。

通过提供在线课程和教学资源，高校鼓励学生在课外时间进行自主学习，进一步巩固课堂上学到的知识。学生可以根据个人的学习进度，反复观看教学视频，练习技术动作，甚至参与线上互动，与其他学习者讨论交流。这种自主学习方式不仅帮助学生在短期内提高传统体育项目的技能，还能培养他们的自学能力，为终身学习奠定基础。

数字化学习的普及和发展为民族传统体育项目的传承提供了新的机遇。大学生生活在一个数字化信息时代，拥有较高的数字化学习接受度，能通过移动设备、在线课程等方式灵活地学习传统体育项目的技能和文化知识。数字化学习不仅提升了学生的学习兴趣和参与度，还增加了传统体育项目的可接触性，为学生提供了便捷的学习平台。通过数字化学习的引导，学生能够自主学习、提高技能，同时也为民族传统体育项目的传承和创新提供了强有力的支持。

第二节 高校民族传统体育文化资源数字化传承的阻碍原因

一、资金和技术支持不足

在推动民族传统体育文化资源的数字化传承过程中，高校面临着资金和技术方面的双重挑战。虽然数字化技术为传统体育文化的传承和创新提供了诸多机遇，但在实际操作中，资金的投入、设备采购和技术研发等方面的问题使得许多高校在推动数字化转型时遇到困难。此外，技术人才的缺乏也是一个重要瓶颈，许多高校未能组建专业的技术团队，导致数字化进程受到限制。

（一）数字化投入和维护成本高

在民族传统体育文化资源的数字化传承过程中，数字化技术的投入和维护成本是高校面临的一个主要挑战。数字化转型涉及硬件设备、软件平台、数据存储以及技术研发等多个方面，每个环节都需要较为巨大的资金支持。例如，视频拍摄和编辑设备、VR 系统、AR 技术等的应用，均需要高额的资金投入。这些先进的技术工具不仅价格昂贵，而且需要定期更新和维护，进一步增加了高校的财务负担。

此外，数字化资源的长期维护同样需要持续的资金支持。随着技术的更新换代，硬件设施的升级、软件系统的更新以及数据存储的管理都会产生额外费用。尤其在数据存储方面，传统体育项目的数字化需要大量的存储空间，而保护这些数据的安全性和完整性又涉及复杂的技术要求。因此，确保这些数字化资源能长期有效运行，高校需要不断增加资金投入。

然而，许多高校面临着资金预算的限制，尤其是在资源分配上，往往将大部分资金投入核心学科和热门课程的建设中。民族传统体育项目的数字化传承未能得到足够的财政支持，导致其数字化转型进展缓慢，无法充分发挥数字技术在文化传承和创新方面的潜力。因此，高校需要在财务安排上做好平衡，为民族传统体育项目的数字化提供足够的资源保障。

（二）技术研发和设备采购的挑战

除了资金问题，高校在推动民族传统体育文化数字化传承过程中，还面临着设备采购和技术研发的多重挑战。高质量的数字化设备和先进技术的采购是实现数字化转型的前提,包括高清摄像设备、虚拟现实头戴设备、增强现实工具等,这些设备价格昂贵且需要不断更新。随着技术的快速进步,这些设备的更新换代速度非常快,高校不仅需要定期采购新设备,还需不断投资于技术更新,以确保能够跟上数字化发展的步伐。

同时,技术研发方面的不足也是制约数字化传承的一大瓶颈。数字化转型不仅仅是购买现有设备和软件,更需要在技术开发和平台搭建方面进行持续投资。尤其是与传统体育项目相关的数字技术应用,很多高校缺乏自主研发和创新的能力,在本土化解决方案的开发上,缺少针对民族传统体育项目的定制化技术。例如,在开发与民族体育项目相关的 VR 或 AR 内容时,缺乏相关的技术积累和行业经验,即使高校愿意投入资源,在技术定制和平台开发上仍有困难。

因此,高校不仅需要加大设备采购力度,还需要加强技术研发,培养更多的技术创新人才,并且与相关的技术企业合作,共同推动技术的定制化开发和应用。

(三)技术人才的短缺

技术人才的短缺是高校在推动民族传统体育文化数字化转型过程中遇到的另一个重要问题。数字化转型需要一个跨学科的团队,不仅包括软件开发人员、硬件工程师,还需要具备体育学、文化学等背景的专家进行系统设计和内容创作。为了确保数字化项目的成功,技术人员与体育文化专家之间需要进行有效的合作,将文化和技术有机结合。

然而,许多高校在这一领域的技术人才相对匮乏,尤其是在传统体育文化和现代数字技术相结合的领域,高校缺乏既懂技术又懂民族传统体育的复合型人才。此外,数字化转型需要较高的技术要求和持续的投入,许多高校很难吸引到足够的技术人才。许多经验丰富的技术人员更倾向于加入互联网企业或大公司,原因在于这些企业通常能提供更好的发展前景和更高的薪资待遇。这使得高校面临较大的竞争压力,难以在这方面形成有效的人才储备和团队建设。

(四)跨学科协作的难题

民族传统体育文化资源的数字化传承不仅仅是技术性的问题,还涉及文化的深度理解和学科的交叉融合。高校在这一过程中面临的一个重要难题是,技术人员与体育文化学者、教育工作者、内容创作者等不同领域的专家之间缺乏有效的协作和沟通。在数字化传承的过程中,技术人员需要与体育文化专家密切合作,将技术与民族传统体育的文化内涵紧密结合。

然而,跨学科的协作在实际操作中面临诸多挑战。技术人员通常不具备民族传统体育项目的文化背景,而文化工作者和教育专家则往往缺乏足够的技术知识,导致在合作过程中,信息传递容易出现障碍,思想方式和工作节奏也可能存在不一致。因此,解决这一问题的关键在于高校建立更加高效的跨学科合作平台,促进不同领域专家之间的有效沟通与合作。这不仅能确保技术和文化的融合,还能使得数字化转型更加顺利地进行。

为此,高校可以通过定期举办跨学科研讨会、工作坊和合作项目,增强不同学科之间的互动,推动共同的研究和项目开发,确保民族传统体育文化的数字化传承得以更好地推进。

民族传统体育文化的数字化传承在实施过程中面临诸多挑战,其中包括数字化投入和维护成本高、技术研发和设备采购的难题、技术人才短缺以及跨学科协作的困难。为了克服这些障碍,高校需要加大资金投入,提升技术研发能力,吸引和培养更多复合型人才,并优化跨学科协作机制。通过持续的努力和协调合作,民族传统体育文化的数字化传承能有效推动,确保这一宝贵文化遗产得以延续并发扬光大。

二、传统体育项目的复杂性与非标准化

民族传统体育项目由于其独特的技术要求、文化背景和精神内涵,在数字化传承过程中面临着许多复杂性和挑战。这些项目的动作、形式、习惯和文化层面的多样性以及非标准化的特点,给数字化的实施带来了较高的难度。尤其在如何将传统体育项目精准地进行数字化存储、传播和教学方面,除了需要高水平的技术支持,还必须依赖具备深厚文化素养的专业人员。因此,在数字化过程中,处理动作标准化、解说清晰性及教学结构化等问题,成为一项艰巨的任务。

(一)传统体育项目的技术复杂性

传统体育项目,如武术、摔跤、舞龙舞狮等,通常具有较高的技术要求。这些项目不仅涉及复杂的体能训练,还需要精确的动作执行和高水平的技巧。例如,武术中的形意拳和太极拳注重"内外合一",每一个动作都有严格的规范和要求,且动作之间的连贯性至关重要。跆拳道中的踢法和摔跤中的技术动作,也都要求高度的精准度和灵活性。

这些复杂的动作和技巧往往依赖于长期的实践和经验积累，而通过数字化手段来精准记录和传承这些动作，要求高精度的设备和技术支持。数字化技术能通过视频拍摄、动作捕捉等方式记录下这些细微的动作，但要确保每一个动作的准确性和可操作性，还需要先进的技术和专业人员的高度配合。此外，动作标准化、反复训练和反馈机制的建设，也需要借助高科技手段，如动作捕捉系统、VR 等，但这些技术的实施仍然面临成本和技术难题。

（二）多样性与非标准化的挑战

传统体育项目的多样性和非标准化特征是其面临的另一大挑战。与现代体育项目通常具有统一规则、标准化动作和量化指标不同，许多民族传统体育项目在不同地区和文化背景下表现形式各异，缺乏统一标准。这种非标准化的特点使得如何对动作进行统一的标准化处理成为难题。

例如，舞龙舞狮、民族摔跤等项目的动作形式、技巧和精神内涵因地区、习俗的不同而有所差异。每个地区、每个民族的表现形式可能都有自己的特色，难以通过简单的统一标准进行描述和传播。因此，如何在数字化过程中准确呈现这些多样化的表现形式，同时确保这些项目的独特性不会丧失，是数字化传承中需要解决的重要问题。

此外，数字化存储和呈现这些复杂和多样化的传统体育项目时，也需要面对如何将动作和文化内涵进行有效解读和传达的难题。这不仅仅是技术上的挑战，还是文化阐释和教学内容结构化的挑战。

（三）精准解说与教学结构化的难度

在数字化传承过程中，如何精准地解说传统体育项目的技巧与文化内涵，是另一个关键问题。传统体育项目不仅仅是技能的学习，更包含深厚的文化背景和哲学思想。例如，武术中的"天人合一"理念、跆拳道中的"礼仪廉耻"精神，这些文化层面的解读是数字化教学中的重要组成部分。

然而传统体育项目的复杂性和多样性对精准解说与文化传递形成了挑战。在传统的面对面教学中，老师可以根据学员的实际情况进行个性化的讲解，但在数字化学习平台上，如何通过视频、文字和图像等手段清晰、精准地解释每个动作背后的文化内涵和精神价值，则非常困难。尤其是在面对全球化传播时，不同文化背景的观众对动作的理解和文化内涵的接受可能存在较大的差异，如何避免信息的误解或失真，需要在数字化传承中加以考虑。

此外，传统体育项目的教学结构化也是数字化过程中的一大难题。传统体育项目往往具有较强的经验性和实践性，教学内容通常是根据学生的实际情况逐步推进。而数字化教学平台则需要将这些内容系统化、标准化，便于学生在线学习和理解。如何在数字化课程中准确地拆解每个动作的要点，如何合理设计课程的进度和层次，让学生循序渐进地掌握技术，不失去项目的原汁原味，也是数字化教学的难点之一。

（四）技术与文化的融合

除了技术和标准化的问题，传统体育项目的数字化还需要解决文化与技术的深度融合问题。传统体育项目往往蕴藏着丰富的文化、历史和哲学内涵。在数字化的过程中，如何通过技术手段保留这些文化内涵，并将其有效地传达给学生，是数字化教育中的核心问题。

例如，在数字化教学中，通过视频、动画、VR等方式将动作的文化背景、哲学理念以及精神层面的内容呈现给学生，不仅需要先进的技术支持，还需要文化专家和教育学者的深度参与。技术可以帮助学生更好地理解动作的规范，但文化内涵的传递则依赖于文化专家的讲解和诠释。因此，技术与文化的有机结合，成为民族传统体育项目数字化过程中需要重点解决的问题。

民族传统体育项目的复杂性和非标准化特征给其数字化传承带来了诸多挑战。如何在数字化过程中保持其技术精度、文化内涵和教学效果，是高校面临的重要问题。数字化技术虽然能为传统体育项目的传承提供平台和工具，但其多样性和非标准化特征使得动作标准化、解说精准性和教学内容结构化变得困难。因此，数字化转型过程中需要依靠技术与文化的深度融合、跨学科的合作，以及持续的技术创新，才能克服这些难题，实现传统体育文化的有效传承。

三、传统文化的传承与现代教育体系的脱节

在部分高校，传统体育项目的教学和数字化资源的开发未能与现代教育体系有效衔接，导致传统文化的传承面临较大挑战。尽管数字化技术为民族传统体育文化的传播和教学提供了丰富的手段，但许多高校在这一过程中并未形成系统的、连贯的教学方案和计划。传统体育项目的数字化教学资料和内容开发常常处于零散和单一状态，缺乏全面的规划和结构化的设计。这种脱节不仅影响了数字化教育的效果，也使得资源开发的效率和利用率大打折扣。解决这一问题，必须从教育体系和数字化资源的协调性入手，推

动传统体育文化与现代教育体系的有机融合。

（一）传统文化教学资源的零散性与片段化

目前，民族传统体育项目的数字化教学资源面临较为严重的零散性和片段化问题。虽然一些高校已经开始投入资源开发相关的数字化教学视频和学习材料，但这些资源往往缺乏系统化的规划和整体设计，导致其内容重复且分散。例如，一些教学视频只聚焦技术动作的展示，忽略了理论背景、文化内涵以及教学方法的整合。这样单一的资源形式难以形成连贯的学习路径，学生在学习过程中容易感到迷茫和断层，从而影响学习效果。

更为严重的是，许多高校的数字化教学内容开发往往依赖于个别教师或外部资源，而缺少统一的课程规划和跨学科的协作。由于传统体育项目的内容庞大而复杂，缺乏科学的组织与设计，导致数字化资源未能在教学中有效衔接和充分发挥作用。这不仅影响学生的学习效率，也使传统体育项目的数字化传承无法达到应有的效果。因此，高校应重视资源的整合性和系统性，制定统一的标准与框架，确保数字化资源涵盖技能训练、文化背景和教育指导等多个方面，为学生提供完整的学习体验。

（二）传统体育项目与现代教育体系的脱节

虽然现代教育体系强调学科交叉与综合素质的培养，但传统体育项目的教学往往仍然单独存在，未能有效与其他学科内容结合起来。许多高校在实施民族传统体育文化的数字化教学时，未能将其与体育学、文化学、哲学等学科相结合，从而导致传统体育项目的数字化教学内容缺乏适应现代教育需求的深度与广度。这种脱节使得传统体育项目在现代教育体系中的作用和影响力受到局限。

传统体育项目文化内涵的阐述和教学目标的设置，往往与现代教育理念发生冲突。现代教育更加注重批判性思维、创造力以及跨学科的融合，而传统体育项目的教学多以技能传授和套路执行为主，缺少对背后文化精神的深度剖析。如果传统体育项目的数字化教学仅仅局限于技巧和动作训练，未涉及其哲学思想、历史背景和社会意义，学生对这些项目的认同感和兴趣将受到限制。因此，只有通过全面而深入的教学设计，充分整合文化背景和现代教育理念，才能确保民族传统体育项目的数字化教学真正符合学生的需求，并有效传承其文化精神。

（三）课程体系与教学内容的脱节

目前，民族传统体育项目的数字化教学资源往往缺乏完善的课程体系，许多高校只是将这些项目作为独立的选修课或课外活动,未将其纳入日常的教学体系中。这种做法导致课程内容的零散和碎片化,难以为学生提供系统的学习路径。例如,尽管一些高校设有武术课程,但这些课程往往局限于基本的技能训练,缺少完整的课程大纲和理论知识的支持。学生在学习过程中无法形成全面的知识框架,导致他们对这些传统体育项目的认识停留在表层,难以深刻理解其文化与历史背景。

同时,传统体育项目的教学大纲和课程目标的设置往往没有充分考虑文化价值和理论知识的传播。在设计课程时,高校过于注重技能的培训,忽视了对项目背后文化理念的深度探讨。课程内容如果没有充分整合文化背景和历史传承,将会错失教育的真正意义。因此,高校应着力构建完整的课程体系,将传统体育项目的文化价值、社会意义与技能教学结合起来,打造系统化的教学路径,促进学生的全面理解与认同。

(四)教学与技术支持的不匹配

在传统体育项目的数字化教学中,技术支持的不足也是导致传统体育项目与现代教育体系脱节的一个重要原因。尽管许多高校已经引入数字化教学手段,如 VR、AR 等现代技术,来提升学生的学习体验,但由于设备高昂、技术人员匮乏等原因,这些先进技术往往无法在日常教学中得到广泛应用。例如,VR 技术虽然能够提供更加沉浸式和互动性的学习体验,但由于设备采购费用高昂且需要专业人员维护,许多高校无法全面推广和应用这些技术。

此外,技术支持与教学需求之间的不匹配也是问题之一。虽然一些高校开始开展传统体育项目的数字化教学,但由于缺乏专业的跨学科技术团队,技术人员与文化专家之间的协作往往存在障碍。技术人员对传统体育项目的文化内涵了解不足,文化专家和教育工作者则缺乏足够的技术基础,导致在数字化教学的过程中,技术的应用无法充分满足传统体育项目的教学需求。因此,高校应当加强跨学科团队的建设,组建融合技术、文化和教育专家的团队,优化教学与技术支持的配合,提高数字化教学的效果和质量。

民族传统体育项目的数字化传承面临着一系列的挑战,主要表现为教学资源的零散性与片段化、与现代教育体系的脱节、课程体系和内容的脱节以及教学与技术支持的不匹配。要解决这些问题,高校需要从整体上进行规划,构建系统化的课程体系,整合文化与技术资源,推动跨学科的协作与创新。同时,优化技术支持和教学内容的结合,提升数字化教学的互动性和趣味性，这样才能更好地传承和弘扬民族传统体育文化。

四、缺乏全方位的社会支持

高校在推动民族传统体育文化资源的数字化传承过程中，虽然已经取得了一定的进展，但仍然面临外部社会支持不足的困境。数字化资源的开发与应用不仅仅依赖于学校内部的资源和力量，更需要政府、文化机构、社会企业等多方的合作与支持。然而，当前许多高校在这一领域所获得的外部支持较为薄弱，缺少政府或社会机构的引导和资助。这导致数字化资源的开发缺乏长远规划和持续投入，进而影响民族传统体育文化资源的数字化传承的长期发展。

（一）政府支持的缺乏与政策不足

尽管政府近年来逐渐增强了对文化遗产保护和传统文化传承的重视，尤其是在非物质文化遗产的保护方面取得了显著进展，但在民族传统体育文化的数字化传承方面，政府的政策支持和资助仍然相对不足。许多地方政府在文化遗产的广泛保护框架下，集中资源和精力用于非物质文化遗产的保存和展示，而传统体育项目的数字化转型却未能获得同等的政策引导和专项资金支持。

数字化转型需要大量的资金投入，尤其是在硬件设备、软件开发、技术培训和系统维护等方面。政府的资金支持对于数字化资源的开发至关重要。没有政府的积极扶持，高校难以完成高质量的数字化转型。政策的引导同样重要，它帮助高校明确数字化转型的方向，制定科学的实施计划，并确立数字化工作的标准和规范。政府支持不仅能够提供必需的资金保障，还能推动政策的执行和监督，确保数字化传承的可持续性。因此，高校亟需更多来自政府层面的政策支持，才能在民族传统体育文化的数字化传承方面实现突破，增强文化传承的有效性。

（二）文化机构和社会组织的协同支持不足

除了政府的支持外，文化机构和社会组织在推动民族传统体育文化资源数字化传承方面也具有不可忽视的作用。然而，目前许多高校在与文化机构、非政府组织（NGOs）、文化基金会等社会团体的合作中，缺乏有效的协同机制。这些文化机构通常拥有丰富的传统文化资源、历史背景以及文化专家，但由于缺少深度合作，这些资源未能在数字化转型中发挥应有的作用。

如果能够充分发挥文化机构和社会组织的协同作用，传统体育项目的数字化传承将能获得更大的推进。文化机构可以协助高校深入挖掘传统体育项目的文化内涵，为高校提供丰富的文献资料、历史背景及项目精髓，帮助学生更好地理解项目的文化根基。而社会组织则能够为高校提供专业的人才、项目策划以及资金支持，帮助推动数字化资源的开发和创新。通过多方合作，高校能有效整合各类资源，进一步推动民族传统体育文化的数字化进程，实现文化的跨越性传承。

（三）社会企业的投入与资源利用不充分

社会企业在推动文化产业发展方面具有丰富的经验和优势，尤其是在技术研发、资源整合和市场推广等方面。然而，当前许多高校与社会企业的合作仍处于初步阶段，未能充分发挥其在数字化转型中的潜力。社会企业可以在资金、技术支持、平台建设等方面为高校提供强有力的支持，帮助高校解决在数字化转型过程中遇到的技术和资金难题。

例如，社会企业可以为高校提供资金支持，尤其是在建设数字化平台、应用VR技术、制作数字化课程等方面，推动传统体育项目的数字化内容创作和传播。此外，社会企业还可以联合高校开发文化衍生品、数字化体育产品等，将民族传统体育文化资源与市场需求对接，推动其商业化创新。这种合作不仅能帮助高校解决资金短缺问题，还能提升传统体育项目的市场认知度，拓宽其影响力。然而许多高校与社会企业之间缺乏长远规划，合作缺乏战略性，无法充分发挥社会企业在资源投入和市场推广方面的优势。因此，高校需要搭建更加稳固的合作平台，加强与社会企业的深度合作，推动民族传统体育文化的数字化传承走向更广阔的市场。

（四）资源整合与合作机制的缺失

在民族传统体育文化资源的数字化传承过程中，资源整合和合作机制的缺失是一个重要问题。尽管政府、文化机构、社会企业等各方都有丰富的资源，但由于缺乏有效的跨部门和跨领域的合作，导致资源无法得到高效整合。这种资源的分散和不能有效对接，造成了数字化传承工作的复杂性和重复性，进一步拖慢了数字化转型的进程。

为了克服这一难题，高校需要积极构建跨学科、跨行业的合作平台，推动政府、文化机构、企业和高校之间的紧密合作。建立长期稳定的合作机制，能有效整合各方资源，推动技术、资金、人才等多方面的支持和投入。这不仅能提高数字化资源的开发效率，还能促进数字化项目的创新和推广，确保民族传统体育文化的数字化传承顺利进行。

总体而言，民族传统体育文化的数字化传承需要多方面的支持与合作，特别是在政府政策引导、文化机构的协作、社会企业的投入和资源整合方面。高校应当在政府、社会组织和企业的共同支持下，推动数字化传承项目的发展，确保这些文化遗产得以更好地传承与创新，适应新时代的发展需求。

第三节 高校民族传统体育文化资源数字化传承的风险分析

一、文化内涵的简化与失真

在民族传统体育项目的数字化传承过程中，由于对动作、文化内涵和精神价值的转化需求，部分传统体育项目可能会在简化和标准化过程中失去其原有的文化深度。数字化技术虽然能提供高效的教学手段和广泛的传播平台，但如果处理不当，也可能导致传统文化的失真或片面化。尤其在将传统体育项目的技巧、动作和文化内涵通过数字化媒介进行传递时，如果过于强调便捷性和标准化，可能无法准确展现项目背后的深厚文化精神与哲学思想，甚至可能误导学生对传统文化的理解。传统体育项目不仅仅是身体技能的展示，还承载着深厚的文化内涵和哲学理念，如何在数字化过程中保留这些层面的丰富性和复杂性，是传承中的重要课题。

（一）数字化简化带来的文化内涵失落

民族传统体育项目的魅力不仅在于其技巧与动作的展现，更在于其背后深厚的文化、哲学思想和社会价值。这些传统体育项目的动作和技巧，并非单纯的体力劳动或竞技对抗，它们常常与特定的文化观念、精神理念以及历史传承息息相关。

然而在数字化传承过程中，为了适应网络平台的快速传播和教学需求，很多高校和文化机构常常将这些传统体育项目的动作进行简化，导致技术动作的标准化。这种简化虽然便于学生操作和学习，但容易忽视这些动作背后深刻的文化寓意和哲学价值。为了使教学更加高效，数字化教学平台通常侧重于动作的规范性和技术层面的标准化，忽视传递与动作相伴的文化精神。比如，在一些视频教程中，武术的精髓往往被过度简化为一系列动作，而忽视了这些动作背后的精神内涵，如"修身齐家治国平天下"的儒家思想，或者"以柔克刚"的道家哲学。

这种简化的方式虽然能帮助学生快速掌握基本技能，但不能让他们真正理解这些传统体育项目的文化根源。学生可能会在精确掌握技巧的同时，错失了这些项目所蕴含的文化深度，甚至在某些情况下，对这些传统体育项目的本质产生误解。长期来看，这种文化内涵的丧失会导致学生对于传统体育文化的认识片面，甚至可能使这些项目仅仅停留在竞技层面，而失去了它们作为文化载体的独特价值。因此，数字化转型在提供便利与高效的同时，也可能导致文化传递的缺失，需要在教学中注重文化与技术的双重传承。

（二）文化传递中的误差与片面化

数字化技术为传统体育项目的传承提供了新的平台，但也带来了传递准确性的挑战。一些数字化教学平台尽管提供了详尽的技术指导、动作演示和技能训练，但其对于文化背景和精神价值的传递往往显得单薄。这种单一的技术呈现容易使学生将传统体育项目视为单纯的竞技活动，而忽略其背后所承载的深厚文化内涵。文化精神的缺失使得这些项目的教育功能大打折扣，无法真正发挥它们应有的文化传播作用。

尤其在一些缺乏文化背景的教学平台上，学生很难接触到项目背后的哲学思想、社会价值和精神层面。这种现象在没有专业文化背景指导的情况下尤为突出。许多数字化资源过于聚焦技术动作的演练和表演，忽视了通过教学内容传递项目所承载的文化精髓。比如，在一些简单的在线课程中，武术的教学内容往往局限于动作的重复与模仿，而没有讲解"武德"的培养、"中庸之道"的哲学或"心性修养"的重要性，导致学生无法理解和感受武术的文化魅力。

这种文化传递的误差不仅影响学生对传统体育项目的全面理解，还可能使学生错误地将传统体育项目视为纯粹的身体锻炼或竞技活动，忽视其背后深刻的文化意义。例如，摔跤不仅仅是力量的对抗，更体现了民族精神中的坚韧与勇敢；舞龙舞狮不仅是节庆中的表演，还承载着民族的团结与庆祝文化。缺乏文化背景的数字化传递容易将这些文化象征仅仅当作"运动"来看待，从而剥夺了这些项目作为文化遗产的真正价值。

长期缺乏对传统文化的深度阐释，不仅可能削弱学生对文化的认同感，也会导致文化遗产的逐渐失落。尤其在全球化的背景下，传统体育项目的数字化传承如果仅依赖技术层面的简化，缺少文化的深度和层次，那么这些项目将难以在全球文化交流中占据应有的位置。因此，数字化转型不仅要注重动作技术的呈现,更需要关注文化精神的深度传递,以确保传统体育项目的真正意义和价值得到全面的保留和弘扬。

民族传统体育项目的数字化传承面临着文化内涵简化与失真的问题。在数字化过程中,如何保持传统体育项目的文化深度,避免文化的片面化和误读,是高校和文化机构需要重视的关键问题。科学设计教学内容、跨学科合作以及现代技术的创新应用,可以有效地确保传统文化的准确传递,提升学生对传统体育文化的理解与认同。只有在确保文化完整性的基础上,数字化传承才能真正发挥其在教育中的价值和作用。

二、过度依赖技术的风险

随着数字化技术在教育领域的广泛应用,尤其是在民族传统体育项目的教学中,虽然技术手段可以提供更高效、便捷的学习方式,但过度依赖技术可能会带来一系列的负面影响,尤其是在学生的实际操作体验和对文化深层次的理解方面。传统体育项目往往要求通过实地练习和面对面的师徒传授来掌握技巧,形成身体的记忆与文化的认同。如果过度依赖数字化工具,可能导致学生在学习过程中缺乏实践操作的机会,从而削弱他们对传统体育项目的技艺精髓和文化内涵的理解。数字化传承应当与实际的教学实践结合,而不是完全替代传统的教学方式。

(一)传统体育项目的实践性和身体体验

传统体育项目如武术、摔跤、赛马等,核心特征在于其强烈的实践性和亲身体验性。这些项目不仅仅是体力的挑战,而是更深层次地融合了技能训练与文化、哲学的精髓。通过亲身参与和实践操作,学生不仅能掌握每个动作的技巧,还能体会到每一个动作背后所蕴含的哲理和文化价值。以武术为例,每一个招式都不仅是为了完成动作本身,更多的是为了体悟"气"的流动、内力的运用和人与自然、人与自身的和谐统一。跆拳道的每一踢每一击,不仅表现为身体的力量与敏捷,更是精神修养的一部分,体现了尊重、礼仪与自律的内在精神。

然而随着数字化技术的普及,尤其是 VR 技术和模拟练习的应用,尽管可以在一定程度上帮助学生快速掌握动作的标准和技巧,却不能完全复制现实中的身体感知和实际操作的体验。数字化工具虽然便捷且互动性强,能通过屏幕向学生展示动作的正确性和技巧,但无法提供与真实环境中的身体互动和实战练习的深度接触。通过数字化平台,学生也许能在理论层面上理解动作的要领,却无法在实际操作中获得身体的反馈和感觉,使他们在技能的掌握上更加停留在表层,缺乏与实际运动的直接接触。缺乏面对面和实地练习的机会,导致学生对于传统体育技能的疏远,使得他们无法真正地理解并内化这些技艺的核心要素。因此,虽然数字化学习在技术层面有其优势,但对于传统体育项目而言,实践性和身体体验仍然是不可替代的重要部分。

(二)学习主动性和自我反馈的不足

在传统体育项目的学习中,学生的主动性和自我反馈机制是提升技能的关键组成部分。传统教学方法鼓励学生通过大量的实际练习和与教师之间的面对面互动,在教师的指导下不断调整、完善技能动作。通过这种互动,学生可以根据教师及时的反馈来修正自己的动作,同时在教师的言传身教下领会更深层次的文化内涵和哲学思想。这种反馈不仅是纠正动作的正确性,更是在精神层面与文化层面的深入交流,学生能够从中感受到更多的情感、文化与思想的传递。这种在实践中获得的自我反馈,能帮助学生形成强烈的学习动机,使其在不断修正错误和完善技能的过程中,逐步建立起对传统体育项目的深入理解与认同。

然而数字化工具虽然可以为学生提供便利的学习平台和结构化的课程内容,但它们往往缺乏实时的互动和反馈机制。在许多数字化学习平台上,学生只能通过预设的教学内容和形式化的评价体系进行学习。这限制了学生主动思考和创新的空间,导致学生往往只停留在单纯的模仿阶段,机械地模仿技术动作,而没有足够的机会去思考动作背后的逻辑和哲学价值。数字化平台的学习可能会让学生获得一定的技巧提升,但忽略了学生的自我调节和反思过程,缺少了身体与思想的共同进步。

过度依赖数字化学习可能会导致学生形成"依赖症",即越来越依赖于平台提供的标准化训练,而忽视了通过亲身实践与互动式学习来调节和提升自己的技能与理解。这种缺乏实时反馈和自我调节的教学方式,不仅会影响学生技能的长远发展,还会降低学生对传统体育项目的深度参与感,最终可能使他们对项目的文化内涵和精神价值的理解停留在表面,不能深入挖掘和真正掌握其核心精髓。因此,虽然数字化平台为教学带来便利,但无法全面替代传统教学中的互动与反馈机制,而这对于学生的全面发展和文化认同至关重要。

尽管数字化技术为民族传统体育项目的学习带来了便捷性和效率,但过度依赖技术可能导致学生对传统体育项目的操作体验不足,文化理解浅薄。为了最大化数字化传承的效果,必须将数字化工具与实际操作和文化传递结合起来,避免单纯依赖技术而忽视实践中的重要性。通过结合现代技术和传统教育方式,高校能在传承传统体育项目的同时,保持其文化深度和教育价值。

三、技术的更新与设备的更新换代

随着数字化技术的不断进步,设备和软件的更新换代日新月异,这为传统体育项目的数字化传承带来机遇的同时,也引发了诸多挑战。传统体育项目的数字化资源一旦依赖特定的软件平台或硬件设施,就面临着技术快速更新和设备老化的风险。如果高校在数字化开发过程中未能充分考虑到这些变化,可能导致一些原本投入巨大的数字化资源迅速过时,甚至无法继续使用。因此,在开展数字化传承的过程中,高校需要预见未来技术的变迁,并采取适当的策略,确保数字化资源的长期可用性和可持续性。

（一）快速发展的技术环境带来的挑战

随着数字化技术的飞速发展,传统体育项目的教学和资源开发面临着前所未有的机遇和挑战。尤其是 AI、大数据、VR 和 AR 等技术的突破,极大地推动了传统体育项目的数字化转型。这些技术能为学生提供更为沉浸式的学习体验,使教学过程互动性更强、趣味性更足。然而,技术进步的速度也带来了相应的挑战,尤其是在设备和平台的快速更新换代方面。以 VR 和 AR 为例,许多高校在引入这些新兴技术时投入了大量资金,购买了先进的硬件设备,如 VR 头戴设备、动作捕捉系统等,以期为学生提供更加真实和互动的学习体验。然而,随着新一代技术的推出,原有的设备和平台很可能会迅速过时,且设备的维护和更新成本逐年增加。

如果高校在数字化资源的开发中仅依赖于某一特定技术或设备,就将导致资源的长期可用性面临严峻挑战。例如,一旦新的技术版本推出,现有设备就可能无法支持这些更新或无法满足未来的教学需求。过度依赖某一特定技术平台或设备容易使高校陷入"技术死胡同",无法及时跟进技术的快速变化,最终导致资源浪费,甚至投资损失。因此,高校在进行数字化转型时,必须要保持技术平台和设备的灵活性,以确保能随时适应技术的更新换代,避免过度依赖单一技术平台或设备。

（二）硬件设施的老化与维护难题

在数字化教学的过程中，硬件设备的维护与更新问题是一个不可忽视的挑战。许多高校为了支持传统体育项目的数字化教学，投入了大量的硬件设施，包括高清摄像机、动作捕捉设备、VR头戴设备等。然而，这些设备需要定期维护和更新才能保持最佳的性能。当技术更新换代加速时，现有设备可能无法支持新的软件平台和技术要求，从而影响教学效果。

与此同时，许多高校面临着资金有限的现实问题，无法为这些数字化项目提供充足的持续投入。随着设备使用年限的增长，硬件设施的老化问题逐渐显现，维修和更换设备的成本也不断上升。特别是一些高端设备，如VR设备和动作捕捉系统，它们的更新周期较短，且维护费用昂贵。如果高校未能为设备更新和维护做好充分的预算安排，设备的老化将直接影响数字化教学的质量，学生的学习体验也会受到影响。缺乏及时的设备更新和维护，最终将导致原有资源无法满足不断发展的技术需求，严重影响项目的可持续性。

（三）软件平台的更新与兼容性问题

数字化教学不仅依赖于硬件设备，还需要专业的软件平台配合，这些平台承担着教学内容的展示、学生互动、数据分析等多项功能。然而，随着技术的快速进步，新一代的软件平台和系统版本不断推出，老旧的软件平台可能面临兼容性问题。高校在数字化资源开发时，往往过于依赖某一软件平台或工具，一旦平台出现技术问题或不能及时升级，就可能导致整个数字化项目的停滞或数据的丢失。

例如，传统体育项目的教学视频、动作数据分析和学生学习记录等都可能存储在特定的软件平台上。如果这些平台不能与最新的技术要求兼容，教学内容和资源的展示效果将大打折扣。同时，随着数字化内容日益增加，平台间的互通性也成为了一个问题。在多平台操作时，不同平台之间的数据管理和存储方式差异可能会带来整合困难，导致教学数据无法共享，甚至出现信息丢失的风险。因此，高校在选择软件平台时，需要考虑平台的可持续性和兼容性，避免因技术更新不及时或平台间不兼容，影响数字化教学的顺利进行。

（四）教师培训与技术更新同步

随着数字化技术的快速发展，教师的技术能力和教学方法需要与时俱进。传统体育项目的数字化教学不仅依赖于先进的设备和技术平台，还需要教师团队不断提升自己的技术素养和应用能力。教师是数字化教学的核心，如果他们不熟练掌握新技术，教学效果将无法保障。因此，高校需要定期组织教师进行技术培训，确保他们能充分利用最新的数字化工具和平台进行教学。

通过技术培训，教师不仅能提升对新技术的应用能力，还能了解这些技术的最新发展趋势和应用实践，帮助教师将数字化工具与传统体育项目结合起来，确保教师通过创新的教学方法提高学生的学习效果。例如，教师可以利用VR技术帮助学生进行动作训练，或使用大数据分析平台跟踪学生的学习进度。定期的培训将使教师更好地适应技术变革，同时通过反馈和改进，提高数字化教学资源的设计和开发质量。

此外，教师的反馈对于高校的数字化转型也至关重要。教师可以在使用新技术时提出问题和建议，帮助高校在选择技术和开发教学资源时做出更加明智的决策。确保教师的技术能力与更新换代同步，是推动数字化教育顺利进行的关键。

技术的更新与设备的更新换代是高校民族传统体育文化资源数字化传承中不可忽视的挑战。为了应对技术更新的挑战，高校需要提前规划数字化资源的长期可用性，选择具有可持续性和兼容性的技术方案，采用模块化设计的方式，并加强教师团队的技术培训和更新。此外，通过加强与企业和行业的合作，高校能有效应对技术的快速发展，确保数字化资源长期有效地支持民族传统体育项目的传承和教学。

四、文化的商业化与滥用风险

随着数字化技术的普及，民族传统体育文化的传播和推广逐渐面临商业化的压力。越来越多的传统体育项目通过数字平台进行展示、传播和教育，但在商业化的推动下，部分项目可能会被过度简化，迎合市场需求和消费趋势，甚至出现过度商品化的现象。民族传统体育文化作为承载着深厚历史和哲学内涵的文化遗产，不应仅仅被视为市场营销的工具。过度的商业化可能会削弱文化的深度和教育功能，导致传统文化的价值观和精神内涵发生扭曲。因此，高校在进行民族传统体育文化资源的数字化开发时，必须避免其成为单纯的商业工具，始终保持其文化的纯粹性和教育性。

（一）商业化压力导致文化内涵的浅薄化

随着全球化和数字化技术的迅猛发展，传统体育项目的市场化已成为其发展的显著趋势。许多高校和文化机构通过数字平台展示传统体育项目，试图将这些项目转化为市场化的商品，以吸引更多观众和用户参与。这种商业化的趋势虽然带来了可观的经济效益和较高的社会关注度，但也不可避免地导致文化内涵的简化和浅薄化。

一些民族传统体育项目如传统武术、舞龙舞狮等，可能被过度包装成具有娱乐性和竞技性的活动，旨在吸引广泛的观众群体。为了迎合市场需求，这些项目往往被处理得更加注重视觉效果和娱乐性，而忽略了它们深厚的文化底蕴和精神价值。传统武术中，许多动作和招式不仅仅是技巧的展示，更包含了"天人合一"的哲学思想，这些文化内容原本可以帮助学生和观众深入理解传统文化的精髓。然而，在商业化的推动下，这些文化元素常常被削弱或曲解，项目的表面化和娱乐化处理使得原本承载深厚文化内涵的体育活动变成了单纯的商业消费品。

这种简化和浅薄化的趋势，不仅使传统体育项目失去了其应有的文化深度，还可能导致传统文化的遗失，甚至让这些项目变得与其文化根源渐行渐远，无法发挥其应有的教育和文化传播功能。

（二）文化精神的扭曲与价值观的偏离

随着商业化的加剧，许多传统体育项目的核心文化精神可能会发生扭曲。以传统武术为例，武术不仅是技术的比拼，更是中华文化中"仁义礼智信"等道德规范的体现，它承载着深厚的哲学思想和文化价值。传统武术的学习与传承不仅在于动作技巧的训练，更在于通过技艺的修炼传承文化精神。然而，在商业化推广的过程中，许多传统武术表演被过度娱乐化，更多强调打斗的激烈程度和观赏性，忽视背后的道德和哲学理念。例如，某些武术表演中的过度激烈打斗和炫技，往往将人们的注意力引向动作的戏剧性，而忽略了文化教育。这种扭曲的文化传递方式可能使学生和观众误解传统体育项目的真正内涵，甚至将其看作单纯的竞技或娱乐活动，而非文化和道德价值的载体。

此外，随着高校和商业机构将传统体育项目作为品牌推广和吸引流量的工具，传统体育项目也往往被作为商业盈利的手段。广告、票房收入、品牌合作等经济利益的驱动，可能导致传统体育项目失去其文化传承和教育的本质，成为简单的商品。这样的过度商业化行为不仅削弱了项目的文化功能，还可能导致项目的教育性和社会价值的流失。

（三）文化教育性的丧失

商业化的推动使传统体育项目的文化教育功能受到影响，越来越注重娱乐性和市场需求，忽视教育性和文化传承的核心价值。在数字化传播过程中，许多高校和文化机构通过各种平台、应用软件和短视频等方式传播传统体育文化项目，这些项目往往会在呈现过程中被精简、娱乐化，以吸引更广泛的观众群体。尽管这种做法能够增加项目的知名度和观众参与度，但削弱了其原本应有的文化教育功能。

例如，某些高校举办的传统体育文化展示活动往往以吸引外部观众为主要目标，过度强调赛事的娱乐性和市场吸引力，而忽略了引导学生在其中进行文化学习和深入思考。传统体育项目本应作为教育工具，让学生在身体锻炼的同时，深入理解其中的文化价值。然而过度的商业化和娱乐化处理将注意力集中在表面的活动安排和赛事组织上，往往忽略了文化内涵的深度传递和哲学思想的讨论。这种情况导致了传统体育项目的教育性丧失，无法为学生提供真正的文化启示和教育价值。

因此，高校在进行传统体育项目的数字化转型时，必须保持文化教育的初心，避免将项目仅仅作为市场化的消费品。通过深入挖掘传统体育项目的文化内涵，强化教育导向内容的创作，并建立可持续的文化传承机制，才能确保这些项目在现代教育中发挥真正的文化和教育作用。同时，高校应关注如何平衡商业化与文化传承之间的关系，保持民族传统体育项目的文化纯粹性和教育性，确保其在全球化和数字化背景下继续传承和发展。

高校民族传统体育文化资源的数字化传承为传统体育文化的保存、传播与创新提供了广阔的前景，但也面临资金、技术、文化传承的挑战以及潜在的风险。高校应当充分利用现代信息技术的优势，同时保持对传统文化精髓的尊重，谨慎应对技术带来的风险，推动民族传统体育文化的数字化传承在长期可持续发展的基础上不断进步。

第五章　高校民族传统体育文化资源数字化传承的理论基础

在进行高校民族传统体育文化资源的数字化传承时，理论基础的支撑至关重要。文化记忆理论、编码解码理论和信息空间理论为民族传统体育文化资源的数字化传承提供了深入的理论框架。这些理论不仅帮助我们理解文化和信息如何在数字化时代得以存储、传播与传递，同时也为实际操作提供了理论指导，确保传统文化在现代教育体系中的有效传承。

第一节　文化记忆理论

文化记忆理论（Cultural Memory Theory）由德国文化学家杨·阿斯曼（Jan Assmann）提出，强调文化记忆的保存和传递对社会文化认同的影响。该理论为民族传统体育文化的数字化传承提供了重要的理论支持。

一、文化记忆理论内涵

20世纪80年代，欧美的文学理论界开始将记忆研究的视野从单纯的文本阐释转向文本与语境的结合，逐渐关注信息的物质性。随着传播情境的时空扩展，传播的信息需要暂时存储起来，以便进一步传播，进而形成了对外部存储场所的需求。这一过程中，信息从外化为存储物、存储过程到存储物再转化为信息，构成了记忆与回忆的过程。随着互联网时代的到来，新的电子存储媒介取代了传统的口头与文字媒介，给记忆研究带来了全新的视角与变化[1]。同时，20世纪的重大历史事件对人们产生了深远且持久的影响，尽管事件的记忆并未消散，亲历者一代人却逐渐离开历史舞台。因此，如何

---

[1] 王建. 从文化记忆理论谈起——试析文论的传播与移植机制[J]. 学习与探索，2012（11）：133.

有效地回忆过去、反思和传承这些记忆成为值得深入探讨的问题。

在这一背景下，20世纪80年代，德国学者扬·阿斯曼与阿莱达·阿斯曼（Aleida Assmann）夫妇对哈布瓦赫的"集体记忆理论"、瓦博格的"社会记忆理论"和诺拉的"记忆场理论"进行了系统的梳理与升华，并从文化传承的角度深入思考与解释文明发展的规律，提出了记忆理论中的一个重要概念——文化记忆。

文化记忆指的是一个民族或国家的集体记忆。扬·阿斯曼将文化记忆定义为"每个社会和时代所特有的，所有新使用的文字材料、图像以及仪式等的集合。通过对这些内容的'呵护'，每个社会和时代巩固并传递其自我形象"[①]。文化记忆是一种集体使用的知识体系，通常涉及过去的记忆，并对一个群体的认同感和独特性进行塑造。文化记忆的核心在于通过代代相传，确保群体通过共享记忆认同其历史和文化身份，最终将这些记忆转化为社会群体的文化根脉。[②]

（一）沟通记忆与文化记忆：文化记忆的时间维度

人类的记忆可以从时间维度上划分为生物个体记忆、社会集体记忆和文化历史记忆三个层次。个体记忆与社会网络和文化领域始终紧密相连，而社会集体和文化历史层面的记忆则依赖于超越个人记忆的形式得以实现，如文字、符号和图像等。因此，阿斯曼夫妇提出了"被融合的记忆"和"被分化的记忆"的概念，用以区分依赖于个体肉身的沟通记忆与超越肉身的文化记忆。

沟通记忆，又称短期内的交流记忆，是在个体与群体日常互动交流的过程中形成的。其时间维度较短，记忆的承载者必须是活着的经历者或交流者，这种记忆通过对话和交流等实践媒介传递，属于"口述历史"的范畴。沟通记忆具有高度的非专业性、角色交互性、非固定性和无组织性等特征，依赖日常生活的互动性而不是严格的制度或形式。

文化记忆则是一种长时间跨度的文化性记忆，通常属于整个社会群体所共同拥有的过去。这种记忆不仅包括可以追溯的历史，还涵盖了传说中的神话时代。文化记忆的时间结构具备绝对性，因为它超越了常规三四代人的

---

① 王霄冰. 文化记忆、传统创新与节日遗产保护[J]. 中国人民大学学报，2007（1）：41-48.
② [德]哈拉尔德·韦尔策. 社会回忆：历史、回忆、传承[M]. 季斌等译. 北京：北京大学出版社，2007：5-6.

时间视野，可以回溯到远古并稳定地根植于文化的积淀中[①]。它不仅疏离于日常生活，且依托固定的历史记忆场域和物质文化符号，使重要历史事件得以铭记。文化记忆在传承过程中，必须通过文化形式和制度化的交往方式固定下来。文化造型，包括文字记录、礼仪仪式和文物的物质性存在，都是传递文化记忆的重要载体。

文化记忆的传递依赖于受过专业训练的群体，通过节日、庆典等仪式形式、文字记录和象征性图像的呈现进行编码和演示。这些仪式不仅是文化记忆的展示，还是文化交往空间的建构，标志着沟通记忆向文化记忆的过渡。在这个过程中，符号媒介的作用体现在记忆和经验的分离与再结合上，成为文化记忆的核心载体。

阿斯曼夫妇的理论通过细化记忆的成分和维度（如神经、社会和文化维度），为我们提供了更加清晰的区分不同类型记忆的视角。从时间维度上，个体记忆、沟通记忆和文化记忆互为前提，缺一不可。这种区分帮助我们更好地理解记忆的多层次和多维度特性，进一步阐明了记忆的多重功能与传递机制。

（二）仪式关联和文本关联：文化记忆的空间维度

阿斯曼夫妇在讨论文化记忆时，跳出了单纯的时间线性研究，转而从空间维度探讨文化记忆的形成与传承。他们提出，文化记忆的内在结构不仅依赖于时间的积淀，还依赖于文化活动中媒介和制度的交织作用。文化记忆的维系和传承过程，实际上是借助一定的媒介载体，借助"仪式关联"和"文本关联"这两个重要概念来实现的。

在文字未出现之前，文化记忆主要通过仪式来传承。仪式作为文化记忆的首要组织形式，通常是现场的、直观的，且受限于具体的时空条件。仪式作为文化记忆的载体，需要集体成员的亲身参与才能实现其教育与传承功能。通过节日和仪式的周期性反复，文化记忆得以传递与再生产，且这种周期性反复不仅传递历史知识，还在文化活动中巩固集体认同和自我身份。节日和仪式成为过去与现实的连接纽带，象征性地将过去的事件投射到现在，同时也让现实通过纪念的方式回望过去，从而加强了文化的根基与认同感。

从时间和空间维度来看，文化记忆的传播与再生通过专职的文化传承者来实现，像吟游诗人、萨满等角色通常担负着这一重任。他们不仅是文化

---

① 王霄冰. 文字、仪式与文化记忆[J]. 江西社会科学，2007（2）：237-244.

记忆的承载者，更是文化传递的"行动者"，通过口头传说、仪式性活动等方式将文化记忆传递下去。

然而，在人类发明文字之后，文化记忆的媒介发生了根本性的变化。文字作为文化记忆的主要载体，与仪式的现场性和直接性不同，文字是跨越时空的载体。通过文字，文化记忆转移到物质载体上，突破了地域和时间的局限，确保了文化记忆的长期保存与稳定传承。文字的使用不仅使过去的知识得以记载，还为文化记忆提供了多重选择和再构建的可能。文字的经典化使文化记忆得以固化和物质化，成为一个民族或国家的历史性遗产。

通过这种转换，文化记忆从"冷回忆"到"热回忆"的转变逐渐显现。在以仪式为载体的社会中，回忆是为了维持传统、保持恒定的状态，它强调历史的循环性和传统的延续性；而在以文本为载体的社会中，回忆则更加关注历史的审视与变革，帮助个体和集体理解当下的处境，寻找新的发展路径，推动社会的改革与进步。

随着信息技术的飞速发展，文化记忆的媒介载体也发生了重大变化，从传统的纸媒转向声音、影像等以电子媒介为核心的载体。这一转变使文化记忆的传承更加便捷、广泛，但也带来了挑战。扬·阿斯曼指出，电子媒介的普及和低门槛使用可能导致文化记忆的碎片化，信息的快速更新使重要的文化记忆可能被忽视或遗失。因此，文化记忆的传承不仅依赖新的媒介技术，还需要关注如何在电子媒介中保持文化记忆的连贯性和深度，以确保记忆的完整性和持续性。

阿斯曼夫妇认为，文化记忆的研究不仅仅是从技术和媒介的角度出发，它还要关注文化与记忆之间的关系，尤其是如何通过媒介的编码和储存，使文化记忆超越传统的断裂，实现文化的再生产和延续。在此过程中，文化记忆不仅依赖文字或仪式，也依赖制度化和社会结构的支持。社会各界的共同努力，包括媒体、教育机构、文化传承者的参与，使文化记忆得以有效传承，成为连接个体、群体与社会之间的纽带，最终形成具有历史深度和文化意义的记忆体系。

二、文化记忆与民族传统体育的关系

文化记忆理论认为，记忆不仅仅是个体的心理过程，同时也是社会和集体的文化遗产。作为文化记忆的重要载体，民族传统体育项目通过世代传承的方式，承载着一个民族的历史、文化精神和社会价值观。这些传统体育项目不仅是对身体技能的训练，它们更是历史经验、文化符号以及民族身份认同的象征。在这一过程中，体育项目的技术、规则、精神和文化理念一同得以传递，形成了独特的文化记忆。因此，民族传统体育项目的数字化传承，不仅是技能和技巧的传递，更是对民族集体文化记忆的保存和弘扬。

（一）文化记忆的概念与传统体育的文化功能

文化记忆理论源于社会学和人类学领域，主要强调记忆不仅是个体心理的产物，更是集体和社会文化的体现。民族传统体育作为一类具有深厚历史文化积淀的活动，其承载的并非单纯的运动技能，更包含着民族文化所沉淀的价值观、道德规范、哲学思想及社会行为模式。

民族传统体育项目通过形式多样的身体实践，传承了重要的文化符号和社会认知。例如，中国的武术不仅仅是技巧的展示，更是儒家思想、道家哲学等文化理念的体现。传统的摔跤、舞龙舞狮等项目，也常常融入民族的宗教信仰、节庆习俗和社会行为规范，表现了民族精神、集体情感和社会认同。

这些体育项目在长期的历史传承过程中，成为文化记忆的重要载体，塑造了民族的身份认同和集体记忆。数字化技术为这些文化记忆的保存和传播提供了新的可能，使得传统体育项目能够跨越时间和空间的限制，以数字化的方式延续下来，继而影响现代社会的文化构建。

（二）民族传统体育作为文化记忆的载体

民族传统体育项目以其独特的形式和内容，成为民族文化记忆的载体。通过一代代人的传授和实践，体育项目的技术动作、竞技规则、精神理念等逐步形成了集体记忆。这些项目不仅在技巧上具有高度的传承性，其背后的文化内涵和精神价值也是代代相传的关键部分。

例如，太极拳不仅仅是一种传统的健身方式，更是一种融合了道家"天人合一"哲学思想的运动形式。学习太极拳的过程中，学生不仅要掌握动作和呼吸技巧，还要理解其中的阴阳平衡、动静结合的深刻文化意义。这种文化记忆通过教师的言传身教，手把手传递给学生，形成了文化的延续。

然而，随着社会发展和文化变迁，部分民族传统体育项目面临着失传的风险。数字化技术为这些传统体育项目提供了新的传承方式，尤其是在全球化和信息化的背景下，数字化工具不仅可以保存传统体育的技巧，还能更好地保存和传播其背后的文化记忆和精神价值。

（三）数字化技术对文化记忆传承的促进作用

数字化技术为民族传统体育的文化记忆传承提供了全新的途径。通过数字化手段，传统体育项目的动作、规则、哲学思想等可以通过视频、图像、在线课程等形式广泛传播和存储。这不仅能帮助学生更直观地理解和学习这些项目，还能有效克服传统教学方式中传授难度和资源限制的问题。

例如，武术、摔跤等项目的动作可以通过高清摄像、动作捕捉和虚拟现实技术进行精准记录和展示，让学生在远程环境中也能学习到传统项目的每个细节。这种数字化的方式，可以让身处不同地域的学生接触和学习到民族传统体育项目的文化，打破时空的界限，进一步推动了传统文化的普及和传承。

更重要的是，数字化技术使传统体育项目的文化内涵得以更加全面和深入地展示。通过数字化平台，高校和文化机构可以结合教学视频、专家讲解和文化解读，帮助学生更好地理解这些项目背后的文化价值与哲学思想。数字化传承使文化记忆不仅局限于师生之间的传递，还能通过网络平台，面向全球进行传播和教育。

（四）文化记忆的数字化面临的挑战

尽管数字化技术为民族传统体育文化记忆的传承提供了新的机遇，但在实际应用中仍然面临不少挑战。首先，技术的局限性和设备的要求，使得部分民族传统体育项目在数字化过程中可能无法完全还原其原有的精髓。部分传统体育项目的技术动作复杂且富有变化，如何通过数字化手段精准传递这些动作，并确保其文化内涵不失真，是数字化传承中亟待解决的问题。

其次，数字化资源的开发和维护需要持续的资金支持和技术更新。随着技术的发展，数字化平台和设备需要不断升级和维护，这对高校和文化机构提出了较高的要求。此外，数字化资源的使用和传播虽然可以覆盖更广泛的观众，但也存在着数字化传输过程中对文化记忆的简化和符号化的风险。如何确保数字化传承的内容深刻体现传统文化的精髓，避免过度娱乐化或商业化，是高校和文化机构需要高度重视的问题。

文化记忆理论揭示了民族传统体育项目作为文化遗产的重要性，它们不仅仅是技能的传授者，更是民族集体记忆的承载体。通过数字化技术，民族传统体育的文化记忆得以保存和传播，打破了时间和空间的限制。然而，在这一过程中，如何避免文化内涵的失真、过度简化和商业化风险，是高校和文化机构必须思考的问题。只有在充分发挥数字化技术的优势同时,保持传统体育文化的深厚内涵,才能更好地推动文化记忆的传承与创新。

三、数字化对文化记忆的传承作用

数字化技术的发展为传统体育项目的文化记忆传承提供了强有力的支持。传统体育项目作为民族文化的重要组成部分,承载着丰富的历史和文化价值。通过数字化技术,传统体育项目的文化记忆得以高效保存、传播和传承。无论是通过视频、图片、数字档案等形式保存传统体育的教学资源、赛事记录,还是通过对其文化内涵的深入挖掘,数字化都能高效地记录和存储这些文化记忆,确保其在时间和空间上得到延续与传播。

（一）通过数字化保存传统体育项目的文化记忆

传统体育项目不仅仅是技术性的运动,其背后承载着深厚的文化和历史内涵。例如,传统武术、舞龙舞狮、摔跤等项目的每一个动作、每一场比赛,不仅是技艺的展示,更是民族文化的一部分。通过数字化手段,如高清摄像、图像记录、历史档案数字化等,我们能精准保存这些传统体育项目的每个细节,无论是动作的标准化表现还是赛事的精彩瞬间,都可以被长期保存,并用于教学、研究和传承。

数字化技术的优势在于能够提供更加便捷、有效的保存方式。过去,传统体育项目的保存主要依赖书籍、口述历史和物理记录,这些方式容易受到时间和空间的限制。相比之下,数字化不仅能快速地将大量资源以视频、图片、文献等形式进行存储,还能对数据进行结构化管理,使得不同形式的资料能互通和共享。这种存储方式显著提高了文化记忆的保存效率和准确性,为未来的研究、教育和文化传承提供了坚实基础。

（二）结构化存储与传播传统体育文化

数字化不仅是对传统体育项目的记录,更是在数据存储和组织方面的创新。通过数字化平台,传统体育的文化记忆可以被结构化存储,方便快速访问和传播。通过建立数字化档案馆、在线数据库、虚拟展馆等形式,传统体育项目的技术动作、文化背景、历史资料等信息可以按照一定的逻辑结构存储,使人们可以更便捷地获取和学习相关知识。

此外,数字化平台能在不同维度上对传统体育项目进行整合。例如,某一传统体育项目的数字化资源可以包括该项目的历史背景、发展过程、文化理念、技艺传授等内容。这些信息的结构化存储,使得学生和爱好者不仅能学习到体育项目的技巧,还能深入了解其中所蕴含的文化价值和历史意义。

这种结构化存储和传播的方式,使得传统体育项目的文化记忆不再依赖于单一的物理记录,而是通过数字化手段在网络平台上实时更新,确保持续传承与传播。

(三)数字化平台打破时空限制,拓展传播范围

数字化的另一大优势是能够突破传统的时空限制,将民族传统体育文化推向更广泛的受众群体。通过数字平台,传统体育项目可以覆盖全球范围内的学习者和爱好者。例如,传统武术、跆拳道、摔跤等项目的教学视频和文化介绍,可以通过互联网向世界各地的人们传播,让更多的人有机会了解和学习这些文化宝贵的遗产。

与传统的教学方式不同,数字化平台不受时间和地域的限制,用户可以随时随地通过移动设备、电脑等终端设备进行学习和交流。通过在线视频课程、虚拟课堂、互动讨论等方式,全球范围内的学生和爱好者能分享学习经验,进行文化交流和思想碰撞,这有助于促进传统体育文化的全球传播和文化认同感的建立。

这一点在现代社会的跨文化交流中发挥了重要作用。数字化平台为民族传统体育文化打开了国际化的大门,使其不仅局限于某一特定地区或国家,而是在全球范围内影响更多的人,成为全球文化交流的重要组成部分。

(四)数字化技术增强文化记忆的活跃度与参与感

数字化技术的应用使得传统体育项目不仅仅停留在静态保存的层面,而能动态地进行展示和互动。通过数字化平台,传统体育项目的学习者和文化爱好者可以在虚拟环境中互动,参与到项目的学习和传承中来。例如,VR和AR技术的应用,能让学生身临其境地体验体育项目的动作和技术,不仅增强了学习的趣味性,也提升了文化记忆的活跃度和参与感。

此外,通过社交媒体和在线平台的互动,传统体育项目的学习者可以分享自己的学习心得、比赛经验和文化感悟。这种互动式学习方式,使得传统体育项目的文化记忆不仅是单向的传输,还形成了互动、参与、反馈的闭环。学生不仅是文化的接受者,也逐渐成为文化传承的参与者和推动者。

数字化技术为传统体育项目的文化记忆传承提供了全新的机遇,通过视频、图片、数字档案等形式,高效地保存了传统体育项目的教学资源、赛事记录及历史背景资料等内容。数字化技术的应用不仅能有效保存和结构

化这些文化记忆，还能打破时间和空间的限制，向更广泛的受众传播传统体育文化。通过数字化平台的互动性，传统体育项目的文化传承更加生动和活跃，为未来的文化传播和教育提供了强有力的支持。在这一过程中，数字化不仅是技术的应用，更是文化传承和创新的桥梁。

四、文化记忆的转化与再创造

数字化传承不仅是对文化记忆的静态保存，更是推动文化记忆再创造与创新的过程。随着数字化技术的不断发展，传统体育项目的教学和传播不再仅局限于简单的记忆保存，而能在现代教育需求和娱乐需求的推动下，进行创意转化和再创造。通过数字平台，传统体育项目能与现代教育理念结合，赋予这些文化记忆新的生命力，从而使其在当代社会中焕发出活力，增强其对现代学生的吸引力和教育意义。

（一）数字化赋予文化记忆新的表现形式

传统体育项目的文化记忆通过数字化手段的转化，可以获得全新的展示方式。例如，传统武术的动作不仅可以通过录像保存，还可以借助动画技术进行虚拟重建，使动作的细节更加清晰和生动。利用 VR 和 AR 技术，学生可以身临其境地感受到武术的动作，通过身临其境的体验更好地理解动作的内涵和技巧。这种通过数字化手段创造出的全新表现形式，不仅能保存传统体育的文化记忆，还能更有效地增强学生的学习兴趣和参与度。

数字化技术还为文化记忆的再创造提供了无数可能性。例如，通过交互式的教学平台，学生不仅能观看武术的教学视频，还能通过模拟练习和即时反馈，实时掌握动作的要领。与传统的教学方式相比，数字化平台更能调动学生的参与感和互动性，在参与过程中更好地理解和体验传统体育项目的文化精髓。

（二）将传统体育与现代教育需求相结合

数字化传承的一个重要功能是能将传统体育项目与现代教育需求和娱乐需求相结合，使其在现代社会中更具吸引力。过去，传统体育项目的传承更多依赖于直接的面对面教学和师徒关系，虽然这些方式针对性强、进步快，但其传播速度和覆盖面相对较小。通过数字化平台，传统体育项目能借助社交媒体、移动应用、网络课程等现代教育工具，打破时空限制，传播到全球的学生和体育爱好者中。

此外，传统体育项目通过数字化再创造，还能与现代教育体系的需求相契合。现代教育越来越强调学生的综合素质培养，而传统体育项目在锻炼体能的同时，还承载了诸如团队精神、责任感、耐心、毅力等非智力因素的培养。数字化平台不仅能为学生提供技能训练，还能够通过虚拟课堂、互动学习、线上赛事等形式，结合课堂学习与实践活动，满足现代教育对跨学科、多元化学习方式的需求。例如，现代教育体系鼓励创新性、探究性学习，而数字化平台可以为学生提供更多的自我探索空间。学生可以通过在线学习平台自主选择课程、观看教学视频、参与虚拟赛事等，在自主学习的过程中更好地掌握传统体育项目的技艺，同时也能体验和理解背后的文化和精神。

（三）娱乐性与教育性的融合

数字化传承不仅为传统体育项目带来更强的教育功能，还能在一定程度上增加其娱乐性，提升学生和观众的参与热情。例如，利用 VR 技术，学生可以通过沉浸式的体验感知运动的每个细节，仿佛自己亲身参与其中。对于传统武术，VR 技术能模拟出不同的训练环境和对抗场景，学生在沉浸式学习中，不仅能提高技能水平，还能更好地理解武术的内在哲理。

此外，数字平台为传统体育文化的传播提供了更具娱乐性的展示方式。例如，通过数字化改编和创意设计，传统体育项目可以融入现代体育赛事或娱乐活动中，通过新的表现形式吸引更多年轻人的关注。这不仅可以激发他们对传统文化的兴趣，还能在娱乐的氛围中传播文化，增强传统体育项目的普及度和接受度。

例如，在现代社会中，许多传统体育项目如武术、舞龙舞狮等，都通过数字化手段以娱乐节目的形式呈现，通过电视节目、综艺演出或电影等渠道传播，这不仅让更多人了解这些文化传统，还能以更具娱乐性的方式向观众传递深层的文化理念和价值观。

（四）互动性与创新性增强文化记忆的活力

数字化的互动性使传统体育文化在传承的过程中更加富有生命力。传统体育项目的教学不仅限于单向的讲解和示范，数字平台通过互动功能，让学生参与到教学和文化体验中。通过线上教学平台，学生可以与教师、同学以及来自世界各地的学习者互动，分享学习心得、交流训练方法，并且通过平台提供的即时反馈，不断提高自己的技艺水平。这种互动式的学习模式，让传统体育项目的文化记忆更加生动，并且促进了文化的再创造。

与此同时，数字化平台也鼓励学生进行创新性学习。例如，学生可以通过创意视频、在线比赛等形式，展示自己对传统体育项目的理解和创新，发掘和传播传统体育项目新的表现形式。通过这种方式，传统体育文化不仅得以传承，还能在学生的创新实践中焕发新生命，体现出不断发展的动态文化。

数字化传承不仅是传统体育项目文化记忆的保存，还促使文化记忆的再创造与创新。通过数字平台，传统体育项目能与现代教育需求和娱乐需求相结合，展现出新的生命力。数字化不仅能赋予传统体育项目新的表现形式和传播途径，还能增强其互动性和参与感，为文化记忆的传承和创新提供强有力的支持。高校在推动民族传统体育文化的数字化发展时，应充分利用现代科技手段，推动传统体育项目的再创造和创新，使其在当代社会焕发新的活力。

第二节　编码解码理论

编码解码理论（Encoding/Decoding Theory）由斯图亚特·霍尔（Stuart Hall）提出，它指出信息和意义的传递不仅是单向的，而是一个互动过程，其中信息的编码与解码可能因文化、背景和受众的不同而有所差异。该理论为民族传统体育文化资源数字化传承提供了重要的视角。

一、编码解码理论概述

斯图亚特·霍尔的编码解码理论是大众传播研究领域的核心理论之一，首次提出于1973年9月，他在《电视话语的编码和解码》一文中公开阐述了这一理论。此文最初是"批判性阅读电视语言的训练"学术座谈会的一部分，该座谈会由莱斯特大学大众传播研究中心组织，旨在探讨如何批判性地理解电视语言。霍尔的这一理论引起了广泛关注，成为文化研究领域的奠基之作。

霍尔的编码解码理论很快影响了媒体文化研究，并成为伯明翰学派的标志性理论。1979 年，该理论被正式收录到《文化、媒体、语言》一书，并广泛传播与引用。通过这一理论，霍尔反思了传统的大众传播模型——由信息源到接收者的直线模式（见图 5-1），并在此基础上进行了重要的理论创新。

图 5-1　大众传播模型

霍尔的理论提出，信息传播不仅是单向传递的过程，而是一个复杂的编码和解码过程。他通过示意图展示了这一模型，其中编码阶段由信息传输者将信息按一定的规则进行包装，而在解码阶段，接收者根据自己的逻辑和文化背景重新解读这些信息。由于编码和解码者的知识背景、社会位置和文化认知不同，解码出的意义可能与编码阶段设定的意义不一致。因此，霍尔强调，传播过程中的不对称性决定了信息并不总是按照编码者的意图被解读。

霍尔的编码解码理论的核心在于，信息传递不仅仅是知识的传输，更是意义的再生产。观众或受众在解读信息时，常常对信息进行加工和再创造，因此编码和解码之间的关系并非完全对称，受众的解码行为具有"相对自主性"，即解码者可以根据个人的社会地位、文化背景及个人经验，对信息作出选择性地解读或误解。

该理论不仅打破了传统的线性传播模式，还提出了多样化的解码模式。霍尔指出，解码过程中的差异性意味着，受众有时会完全接受编码的意义，有时则会部分接受或完全反对，而这种差异性正是社会中多元文化的体现。霍尔为此设定了三种解码立场：一种是"霸权解码"，即观众与编码者的意义解读完全一致；第二种是"协商解码"，即观众接受主流意识形态的部分内容，同时也对其进行批判；第三种是"对抗性解码"，即观众拒绝主流意识形态，采用不同的视角解读信息，如图 5-2 所示。

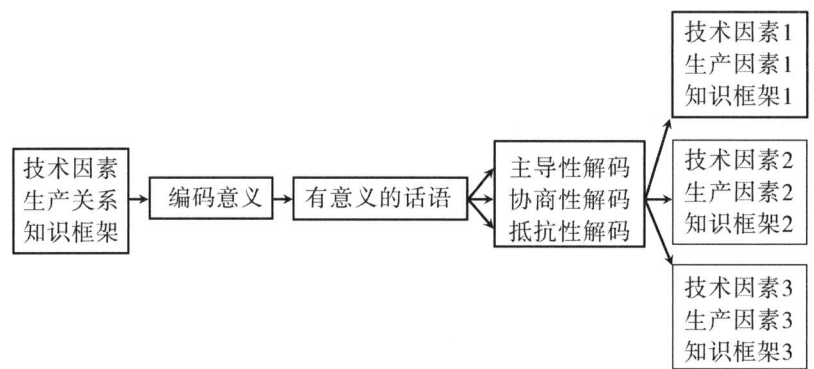

图 5-2 媒介信息解码的经典模式

二、传统体育文化的编码过程

在数字化传承过程中,民族传统体育文化资源的第一步是编码,即将传统体育项目的动作、文化背景、历史内涵等转化为可存储、传播和展示的数字信息。通过编码过程,传统体育项目的技术动作、文化价值、历史背景等元素被系统地转化为视频、音频、动画、文字等形式,使其通过现代数字平台进行有效的保存和传播。这个过程不仅是技术性转换,更涉及文化的选择性表达和编排,决定了数字化资源的传播效果和接受度。因此,精确且恰当地编码传统体育文化,成为数字化传承的核心环节。

(一)传统体育项目的动作与文化背景转化

传统体育项目包括各种复杂的动作、技巧和规则,其背后还蕴含着丰富的文化背景和历史内涵。在编码过程中,首先需要对体育项目的动作进行精确记录,并转化为数字化信息。通常,数字化资源的编码方式包括视频录制、动作捕捉技术和动态图像分析,通过这些方式将传统体育项目的每个动作、姿势、技巧等视觉信息转化为数字格式,方便存储和教学。

例如,传统武术的动作可以通过高清摄像技术拍摄,每个动作通过动作捕捉技术转化为数字数据,生成可供学习的教学视频。同时,在视频中,辅助配以详细的动作解析、步法演示、气息调节等方面的讲解,使学生不仅学习到动作技巧,还能理解其中的深层文化背景。此过程不仅是对动作的技术性编码，更是对武术中蕴含的文化精神的转化。

除了动作的转化，文化背景和历史内涵同样需要通过文字、音频或视觉图像进行转化。在这部分内容的编码过程中，编码者需要决定哪些文化元素在是该项目传承中是关键的，并将其以简洁而又准确的方式呈现。例如，通过语音讲解、动画插图等形式，详细介绍每个传统体育项目的起源、历史演变和背后的文化精神，使学习者不仅掌握动作技巧，也能深刻理解其中的文化底蕴。

（二）编码的选择性与文化表达

在传统体育文化的数字化过程中，编码并不是对传统文化的机械复制，而是需要进行有意识的选择和表达。在数字化过程中，不同的文化符号、历史背景和文化价值观需要根据特定的教育目标和受众需求进行筛选和提炼。过多的细节可能使信息过于冗长和复杂，反而削弱了学习者的兴趣和理解力，而过于简化可能导致文化内涵的流失。

因此，数字化资源的编码过程涉及文化内容的选择性表达。比如，武术中的"内功"和"外功"之间的关系，可能需要通过精心设计的动画和文字解释来呈现，而不是单纯地展示动作本身。再如，舞龙舞狮等项目的历史背景可以通过历史剧或文献摘录的形式进行呈现，帮助学生理解这些项目所承载的民族精神和历史传承。

此外，编码过程中还需要注意受众的多样性。不同地区、不同文化背景的学生对传统体育项目的认知和理解各有不同，在编码时充分考虑不同文化和学习需求，成为有效传播和接受的关键。例如，在西方教育体系中，可能需要强调技术动作的清晰呈现和文化背景的解释，而在东方的教育体系中，可能更加注重动作的演练和精神内涵的结合。

（三）数字化表达的形式与技术工具

为了确保传统体育文化资源的有效编码，数字化表达需要依赖多种技术工具和创意方法。视频、音频、文字和动画是常用的数字化表达形式，而近年来，VR 和 AR 等技术也为传统体育项目的数字化提供了创新的可能性。

视频和音频是数字化过程中最基础的表达形式，通过录制的教学视频和声音解说，可以生动直观地展示体育项目的动作技巧和文化背景。文字资料通常配合视频进行补充，提供项目的历史背景、文化内涵以及实际操作的技巧说明。通过这种多元化的表达方式，学生不仅可以观看动作示范，还可以通过文字和声音详细了解项目的背后意义。

动画技术可以帮助学生更好地理解复杂的动作或技巧,尤其在一些传统体育项目中,动作的连贯性和细节非常重要。通过动画模拟,学生能观察到每个动作的分解,清晰地掌握动作的要领和技巧。此外,VR 和 AR 技术的应用,则能让学生身临其境地体验体育项目,不仅能通过虚拟环境进行练习,还能在模拟环境中感受项目的实际操作,增加学习的互动性和趣味性。

(四)编排与整合的挑战

在数字化编码过程中,另一个重要的环节是对各类文化元素的编排与整合。在有限的时间和空间内,将传统体育项目的动作、文化背景、历史传承等内容有效地呈现出来,是一项具有挑战性的任务。编排的成功与否直接影响学习者对这些文化记忆的接受度与理解深度。

编排过程中的选择性、逻辑性以及内容的连贯性至关重要。如果没有合理的组织,数字化资源可能会呈现出凌乱的状态,学习者很难系统地了解和掌握传统体育项目。如何将动作技巧、文化背景、历史故事等元素有机地结合,转化成有吸引力的教学内容,是数字化资源开发中的关键课题。

传统体育文化的数字化编码过程是文化记忆传承中的核心环节。通过视频、动画、音频、文字等多种技术形式,传统体育项目的动作、文化背景和历史内涵得以数字化呈现。然而,数字化过程中的选择性表达和内容编排对文化记忆的传播至关重要,决定了资源的传播效果和文化价值的准确传递。随着技术的不断进步,数字化平台将为民族传统体育文化的传承提供更广阔的空间,使这些珍贵的文化遗产在现代教育中焕发新的活力。

三、数字化资源的解码过程

数字化资源的解码过程,是指学生和受众对数字化民族传统体育文化资源的理解、解析与接受。随着传统体育文化的数字化转型,受众对于这些资源的解读并非简单的接受,而是受到个人文化背景、社会经验、知识体系等多重因素影响的复杂过程。在高校中,学生的背景多样,有不同的地域、文化和教育背景。这使他们对民族传统体育项目的解读存在差异。因此,如何帮助学生准确理解这些数字化资源,避免对文化内涵误读或片面解读,成为教师在数字化教学中需要重点关注的问题。

(一)解码过程中的文化背景与认知差异

学生的文化背景和社会经验对他们如何解读数字化民族传统体育文化资源有着深远影响。传统体育项目作为民族文化的重要组成部分,往往与特定的历史背景、哲学思想以及社会行为规范相联系。例如，武术中的"天人合一"理念、跆拳道中的"礼仪廉耻"精神等，都是民族文化的深度体现。然而，有不同文化背景的学生对这些理念的理解和解读可能存在差异。

一些学生可能对传统文化的价值观念并不熟悉，甚至对某些文化符号或行为方式产生误解。例如，某些西方文化背景的学生可能不完全理解中国武术中的"气"的概念，或者可能不能正确解读其中的礼仪和道德规范。因此，教师在进行数字化教学时，应注重引导学生从多元的视角去解读传统体育项目的文化内涵，通过多样化的教学方法，如讨论、案例分析、跨文化比较等，帮助学生从不同角度理解和认同这些传统文化的深层价值。

（二）知识体系与受教育经验的差异

除了文化背景，学生的知识体系和受教育经验也对其对数字化资源的解读产生重要影响。部分学生可能具备丰富的体育知识或已有一定的传统体育项目学习基础，另一些学生则可能从未接触过这些项目。因此，学生在接触数字化资源时，他们的解码能力也有所不同。

例如，某些学生可能能迅速理解并应用数字化教学资源中的技术动作，而另一些学生则可能对这些动作的细节缺乏感知，甚至难以体会其中的文化内涵。数字化教学资源的设计应考虑到学生知识层次的差异，采取循序渐进、层次分明的教学策略。例如，针对初学者，教师可以从基本动作开始，逐步引导学生理解其中的文化背景；而对于有一定基础的学生，则可以更加深入地探讨体育项目背后的哲学思想和文化精神。

（三）多元视角与跨文化理解

由于学生所处的社会背景和教育环境的多样性，他们对传统体育项目的解码往往呈现出多元化的特点。帮助学生在数字化教学资源中理解不同文化视角下的传统体育项目，避免片面解读，是教师在教学过程中需要注意的问题。

为了提升学生的跨文化理解，教师可以结合多元视角的教学方法。例如，在讲解中国武术时，可以结合中西方文化的差异，对比分析西方的竞技体育与中国传统体育在理念、规则等方面的不同，帮助学生从多角度理解武术的精髓。这种跨文化对比不仅能帮助学生克服文化差异带来的理解障碍，还能促进他们加深对本民族文化的认同与尊重。

此外，利用多媒体教学和互动平台，学生可以接触到来自不同国家和地区的学习者，分享各自对传统体育项目的理解和体会。这种互动式的学习模式不仅能丰富学生的文化视野，还能帮助他们更全面地解读数字化传承的文化记忆。

（四）教师在解码过程中的引导作用

在数字化教学中，教师扮演着至关重要的引导者角色。教师不仅需要为学生提供清晰的教学内容，还应帮助学生有效解码和理解其中的文化内涵。教师应注意帮助学生克服由文化差异和个人经验差异带来的解码障碍。通过引导学生进行集体讨论、案例分析、跨文化比较等，教师能让学生从不同角度深入理解传统体育项目的文化内涵和精神价值。

例如，在讲解传统武术时，教师可以通过故事讲解、哲学思想阐释以及与历史事件背景的结合，使学生更容易接受并理解其中的文化意义；还可以利用现代科技手段，如VR和AR，使学生通过身临其境般的体验更直观地感知和理解文化背后的精神内涵。

通过这种引导式教学，教师不仅帮助学生在技术上掌握传统体育项目的技巧，更重要的是从文化和哲学层面的深度解读，提升他们对民族文化的认知和认同。

数字化资源的解码过程是学生对传统体育文化资源理解的关键阶段。由于学生具有不同的文化背景和社会经验，他们对数字化资源的解读可能存在差异。因此，在数字化教学过程中，教师应注重引导学生从多元的视角解读和理解传统体育文化，避免片面解读。通过提供多样化的教学策略和跨文化的学习平台，教师可以帮助学生更全面地理解民族传统体育项目的文化内涵，并促进他们对民族文化的认同与自豪。

四、互动性与多样性

编码解码理论强调信息传播过程中互动性与多样性的作用，这一点在数字化传承中尤为关键。传统体育文化的数字化不仅仅是信息的简单传递，更是动态互动的过程。在数字化平台的支持下，学生不仅通过观看视频、阅读资料等方式学习传统体育项目的技巧，还能通过线上互动、讨论、创作等多元化方式，参与到传统文化的再创造过程中。这种互动性使得文化记忆的传递不再是单向的，而是多向的、多元化的，极大地增强了数字化传承的效果，并促进了文化记忆在不同受众群体中的多样化解读和认同。

（一）互动性提升文化传承的参与感

在传统体育文化的数字化传承中，互动性是提升学生参与感和深度理解的重要因素。传统体育项目的学习往往需要进行实践，要求学生通过身体动作和技巧的实际操作来掌握。然而，数字化学习通常存在着缺乏实际操作和体验的不足，使得单纯观看视频和学习资料变得较为被动和单调。因此，通过设计互动性强的数字化平台，学生可以在学习的过程中主动参与、反馈和创造，从而增强学习的效果。

例如，通过数字化平台，学生不仅能观看传统武术的教学视频，还能参与到平台上的在线互动，分享自己的学习成果和感受，甚至进行在线的实战对抗和技巧测试。这种互动式学习不仅能增强学生的动手能力，还能激发他们对文化的兴趣和探索精神。通过与同学、教师和来自世界各地的其他学习者互动，学生能在不同的文化视角和经验背景下，进行多元化的解读和再创造，深化对传统体育项目背后文化精神的理解。

（二）多样性促进文化记忆的个性化解读

数字化平台的多样性特征使得每个学习者可以根据自身的兴趣、需求和学习进度进行个性化学习。不同的学生对传统体育项目的兴趣和理解有不同的侧重点，这种差异性可以通过互动平台的多样化功能得到充分体现。例如，一些学生可能更感兴趣于传统武术的动作技巧和竞技性，另一些学生则可能更倾向于了解武术背后的哲学思想和文化内涵。

数字化平台可以通过设置多个学习模块来满足不同学生的需求，例如提供动作学习、文化解读、历史背景等多元化内容，让学生根据自己的兴趣选择深入学习的方向。此外，平台上的互动功能也为学生提供了更多的创造空间，学生可以通过提问、讨论、分享自己的想法以及制作内容，参与到传统体育项目文化的再创造过程中。通过这种方式，学生不仅是传统体育项目的学习者，更是文化记忆的创造者和传播者。

例如，在数字化传承过程中，学生可以通过网络平台创作和分享自己对传统体育项目的解读视频，进行文化诠释和技术分析。这不仅有助于学生深化对传统体育项目的理解，还能形成多样化的文化表达，促进不同受众群体对民族传统体育文化的认同和传播。多样化的学习和创造，进一步推动了传统体育项目文化的再生与再创造，使其在不断的互动和更新中得以持续发展。

（三）促进传统体育文化的跨文化交流

互动性和多样性还为传统体育文化的跨文化交流提供了广阔的空间。数字化平台不仅使传统体育项目的教学和学习过程更加灵活、多样，还通过平台的互动功能促进了不同文化背景学习者之间的交流和互动。通过这些平台，来自不同国家和地区的学生能共享彼此的文化经验，进行跨文化的沟通和理解。

例如，在数字化平台上，学生可以与其他文化背景的同学实时互动，比较不同国家和地区的传统体育项目的异同，分享各自的学习成果和文化体验。这种跨文化的交流，不仅帮助学生更好地理解和尊重其他文化，还能促进本民族传统体育文化在全球范围内的传播和认同。通过互动与多样化的学习体验，传统体育项目的文化不仅得以保存，还能跨越国界、文化差异，成为全球文化交流的桥梁。

（四）数字化传承的创新与发展

数字化平台不仅能帮助学生理解传统体育项目的技巧和文化，还能为这些项目注入新的活力和创意。随着技术的发展，数字化平台的创新性使得传统体育文化的再创造得以继续。例如，使用 VR 和 AR 技术，学生不仅能通过视听感受参与到传统体育项目的实践中，还能通过模拟环境进行更深入的体验和创造。虚拟课堂和社交互动的功能，帮助学生在虚拟环境中进行体育技巧的练习、比赛，进一步增强学习的参与感和实际操作性。

这种技术的创新和数字平台的多样性结合，为民族传统体育文化的数字化传承提供了强大的推动力。数字平台不仅能帮助学生更好地理解传统体育的历史背景和文化内涵，还能为传统体育增添创新性内容，保持其在现代教育中的活力和吸引力。

互动性和多样性在数字化传承过程中发挥着至关重要的作用。通过互动式的数字化平台，学生不仅能通过视频和资料学习传统体育技巧，还可以通过互动、讨论和创作等方式，参与到民族传统体育文化的再创造过程中，推动其多样化的解读与传播。数字化平台的互动性增强了学生的参与感，而多样化的教学和表达方式则促进了文化记忆的个性化解读。这种多元化的解码方式，不仅推动了传统体育文化的创新发展，也加强了全球范围内对传统文化的认同与传播。

第三节　信息空间理论

信息空间理论（Information Space Theory）强调，在数字时代，信息的传播和交流不仅依赖于物理空间，还在虚拟空间中流动和存储。信息空间理论为民族传统体育文化的数字化传承提供了新的视角，尤其是在 VR、AR 等技术的应用上。

一、信息空间理论概述

信息空间是由马克斯·H.布瓦索（Max H. Boulz）提出的概念框架，旨在研究数据、信息和知识在转化过程中如何通过编码、抽象与传播在三维空间中相互转换。布瓦索定义数据为事物的某种属性，如颜色或重量等，知识则是行为主体的属性，决定了该主体在特定条件下的行为方式，信息则是事物与行为主体之间建立的联系。

（一）信息传播理论

传统体育项目的数字化过程，本质上是一种信息形式的转换。本文借用了香农与韦弗提出的信息传播理论。香农认为，传播是一个有目的的过程，通过这一过程，信息可以影响其他人。这个过程的关键是信息的编码与解码，这是一个社会性过程，涉及传输主体和接收主体的主观意义。信息通过一种有意图的编码过程传递，并通过解码实现相互理解。香农和韦弗在他们的共同著作中提出了传播的层次性问题（见图5-3）。

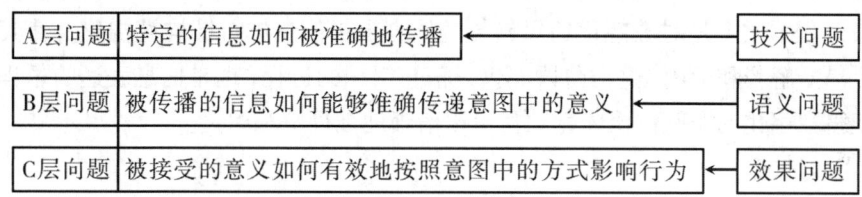

图 5-3　传播的层次问题示意图

如图5-3所示，传播过程包含三个层次：

（1）A层问题是技术问题。在数字媒介中传播信息，必须确保信息的传输者与接收者遵循统一的编码标准。对于民族传统体育项目的数字化而言，A层问题的核心是如何将民族传统体育项目转化为可以被数字媒介识别和读取的数字信息，这为数字化的顺利进行提供了基础。

（2）B层问题是语义问题。它在A层问题得到解决的前提下提出，涉及编码形式和质量的选择。信息的表达形式多种多样，如文本、图片、音频和视频等，不同的编码形式具有不同的质量水平（如高保真和低像素）。在民族传统体育项目的数字化过程中，必须根据具体的民族传统体育项目特征选择适当的编码方式，以确保信息的传达既准确又易于理解。

（3）C层问题是效果问题。其解决依赖于A层和B层问题的基础，最终通过解码过程将数字化的内容返回现实世界。C层问题对于非物质文化遗产的数字化尤为重要，因为在转化过程中必须尊重其文化内涵，避免简化或误读，确保文化价值不受扭曲，保持其原本的文化意义。

（二）信息空间的数字化传播特征

1. 编码

编码是将民族传统体育项目的现象或经验通过特定的格式呈现出来，是信息化处理的首要步骤。例如，在民族传统体育项目的数字采集过程中，信息通过文本、图片、视频等形式进行数字化，并通过计算机实现数字化呈现。编码的过程实际上是对民族传统体育项目的数字信息形式进行识别和处理。编码的精细程度决定了信息呈现的全面性，编码水平越高，信息的表现就越丰富和细致。

2. 抽象

抽象是信息化处理过程中的结构性构建，涉及对民族传统体育项目信息进行分类和综合描述，使其具有逻辑性和结构性，从而便于受众理解。抽象过程本质上是对数字化的民族传统体育项目信息进行结构性构建，使其更易于解释和应用。这一阶段不仅是信息组织的过程，也是信息表达的过程，使得数字化的民族传统体育项目可以清晰地被理解和解读。

3. 扩散

扩散是信息传播给特定受众的过程。在编码和抽象的基础上，信息的扩散通过多种媒介（如互联网、电视、多媒体等）进行传播，以增强其知识的广泛传播性。经过编码和抽象处理的信息，能更有效地传播和扩展，尤其是在数字化技术的支持下，信息能迅速传递至更广泛的受众群体，从而促进民族传统体育项目的文化传播和认知。

总体来说，民族传统体育项目的数字化传播过程，涉及编码、抽象、和扩散三个关键维度。精确的编码、清晰的抽象和广泛的扩散，能确保民族传统体育项目的文化内涵得到恰当的保存和传播，从而使这一文化遗产能跨越时空，得以继承和发展。

二、信息空间的构建与民族传统体育文化

信息空间的构建使得民族传统体育文化能在虚拟空间中得到全新的呈现和体验。随着 VR、AR 和数字平台技术的飞速发展，传统体育文化的数字化传承进入了一个全新的阶段。通过这些技术，学生不仅可以通过传统的课堂教学学习民族传统体育项目的技能和文化，还能通过身临其境的虚拟体验，感受并理解这些传统体育项目的动作、技巧以及背后的文化精神。

（一）信息空间的定义与作用

信息空间指的是借助数字化技术创建的虚拟环境，在该环境中，数据、信息、互动和体验得以融合和呈现。在数字化传承中，信息空间的构建不仅仅是技术的应用，也是文化传承和教育创新的一种体现。通过信息空间，传统体育项目的文化和技巧能脱离现实空间的局限，在虚拟环境中被有效保存、传播和体验。这种虚拟化的体验方式能突破时间和空间的限制，让传统文化在全球范围内得到更广泛的传播与认知。

在民族传统体育文化的数字化传承过程中，信息空间的作用尤为重要。它为学生提供了一个交互性强的学习平台，学生可以通过虚拟环境进行模拟练习、实时反馈和沉浸式体验。这一学习方式不仅能提高学生的学习兴趣，还能加深他们对传统文化的理解和认同。

（二）VR 技术在民族传统体育文化中的应用

VR 为民族传统体育文化的传承提供了革命性的解决方案。通过佩戴 VR 设备，学生能进入一个完全虚拟的练习场景中，身临其境地体验民族传统体育项目的魅力。虚拟现实技术可以高度模拟传统武术的练习环境，学生不仅可以观察教练的示范动作，还可以在虚拟环境中模仿练习，实时感受动作的变化与反馈。

例如，学生通过 VR 设备进入一个模拟的武术场景，系统根据学生的动作进行实时纠正，指导他们如何调整姿势、加强力量的输出或调节呼吸。虚拟环境为学生提供了真实的练习体验，同时也使学生能通过个性化的反馈提升自己的技能水平。更为重要的是，在虚拟空间中，学生能体验到武术的精神内涵，如"天人合一"的哲学思想和"内外兼修"的武术理念，从而加深对传统文化的理解。

同样，VR 技术的应用还可以让学生体验到其他传统体育项目的训练过程和文化背景。在这种沉浸式体验中，学生不仅能掌握项目的基本技巧，还

能理解其背后的文化意义和精神价值,使学习体验更加生动和深刻。

(三)拓展文化传承的空间与受众

信息空间的构建有效拓展了民族传统体育文化的传播空间。传统体育项目的数字化呈现,使其能跨越地域、时空的界限,面向更广泛的受众群体传播。通过虚拟平台,学生不再局限于课堂内的学习,而可以随时随地参与到民族传统体育项目的学习和体验中。无论是身处城市、乡村,还是不同国家的学生,只要拥有数字化平台和相关设备,就能进入信息空间,体验传统体育文化。

此外,信息空间的数字化呈现也极大促进了跨文化的交流和传播。例如,某一传统体育项目通过虚拟平台被全球的学生和文化爱好者接触和学习。借助数字化平台,传统文化的传承不仅限于民族内部,还能借助现代科技面向全世界进行传播。虚拟现实和数字平台为传统体育文化打开了国际化的大门,使其在全球范围内得到更广泛的认知和接受。

(四)信息空间对学生文化认同的增强

通过信息空间,学生能更加深入地理解和体验民族传统体育文化的内涵。虚拟现实技术不仅能帮助学生学习技术动作,还能为学生呈现文化背景、历史故事和哲学思想,增强他们对传统文化的认同感。通过沉浸式的体验,学生能感受到传统体育项目中的文化精神,并通过这种方式与自己的文化根源产生更深的连接。

例如,武术不仅是一项身体的锻炼方式,更是一种文化传承。学生通过虚拟现实技术可以进入一个历史悠久的武术世界,体验其中的"精气神",感受从古代传承下来的文化精髓。这种全方位的体验使学生在学习技能的同时,建立起深厚的文化认同感。

通过信息空间的构建,学生不仅可以在实践中提升技能,还能在文化背景的理解中提升自己的文化认同。这种虚拟环境中的文化传递,不仅帮助学生更好地理解传统体育项目的精髓,也为他们提供了更为丰富的文化学习体验。

信息空间的构建为民族传统体育文化的数字化传承提供了全新的途径。通过虚拟现实技术和数字平台,传统体育项目的动作、文化背景和历史内涵得以在 VR 中呈现和传播。这种虚拟化的学习和体验,不仅突破了传统教育模式的局限,也为传统文化的传承开辟了更广阔的空间。通过信息空间,学生能更加直观地理解民族传统体育项目的技巧和文化内涵,同时也能在全球范围内传播和分享这些文化记忆，促进文化的传承和创新。

三、数字平台作为信息空间的载体

随着信息技术的快速发展，数字平台成为传播民族传统体育文化的重要载体。高校可以利用这些平台建立线上教学、文化交流、社交互动等多功能平台，从而为学生提供一个全面、便捷的学习和交流空间。这些平台不仅可以有效支持传统体育项目的技能教学，还能提供丰富的文化背景资料、历史故事以及互动空间，帮助学生深入了解传统体育项目的文化内涵、历史背景及其精神价值，提升他们的学习体验和文化认同感。

（一）数字平台助力传统体育项目的技能教学

数字平台的最大优势是可以突破时空的限制，提供随时随地的学习机会。在传统体育项目的教学中，技能的掌握通常依赖面对面的实践和示范，这对于不同地区或没有专业教师的学生来说，是一种障碍。然而，借助数字平台，学生可以通过在线视频、直播课程以及互动教学等方式进行学习，从而不受地域限制，随时随地提高自己的技能。

例如，通过高质量的视频教程，学生可以详细观察每个动作的演示，反复观看、模仿和学习，从而加深对传统体育项目技能的理解和掌握。同时，平台也可以为学生提供在线评估和反馈功能，教师可以根据学生的表现，提供个性化的指导和建议，确保学生准确掌握技能并不断进步。这种在线教学模式在现代教育中逐渐成为主流，尤其在疫情期间和远程教育中发挥了重要作用。

（二）丰富的文化背景资料与历史故事

除了技能教学，数字平台还可以为学生提供与传统体育项目相关的丰富文化背景资料和历史故事。这些内容不仅有助于学生在学习技巧的同时，深入了解传统体育项目的起源、发展以及背后的文化内涵。例如，平台可以提供传统武术的历史发展、哲学思想、文化精髓等内容，帮助学生在掌握动作的同时，理解这些技巧背后的深层文化与精神。

通过讲解这些文化背景，数字平台能为学生提供更多的知识维度，帮助他们更全面地理解传统体育项目。比如，传统武术不仅是技术的展示，还蕴含着中国哲学中的"天人合一""无为而治"等思想，这些深邃的文化理念在数字平台的辅助下，通过配套的文字资料、讲解视频、动画等形式生动呈现，使学生在技能学习的过程中，增进对民族文化的理解和认同。

（三）社交互动与文化交流

数字平台的另一个重要功能是提供社交互动和文化交流的空间。在传统的课堂教学中，学生的学习往往局限于与教师和同学之间的直接交流。然而，借助数字平台，学生可以在全球范围内与其他学习者互动，交流学习经验、分享心得体会，甚至共同参与比赛或实践活动。这种社交互动不仅能增加学习的乐趣，还能促进跨文化的理解和友谊。

例如，平台可以为学生提供一个虚拟的交流社区，学生可以在这里发布自己的学习视频，以听取他人的评价和建议，参与讨论或发起话题，分享自己对民族传统体育项目的理解和感悟。此外，平台还可以定期举办线上比赛、文化节等活动，鼓励学生积极参与并展示自己的学习成果，从而推动文化的传承与创新。

通过这种互动式的学习，学生不仅能在技能上得到提高，还能通过与他人的交流和碰撞，进一步深化对传统体育文化的认知和理解。跨国界、跨文化的交流，使得学生能够从更广阔的视野去理解传统体育项目，并从中汲取更深的文化营养。

（四）提供个性化学习与定制化内容

数字平台还能根据学生的不同需求和兴趣提供个性化学习内容。每个学生对民族传统体育项目的兴趣和学习方式不同，数字平台能根据学生的基础、兴趣和进度，制定个性化的学习计划和课程安排。例如，对于刚开始接触传统体育项目的学生，平台可以推荐基础性的视频和教材，帮助他们掌握基本的技巧；而对于有一定基础的学生，则可以提供更为深入的课程，如哲学理念解读、高级技巧训练等。

此外，数字平台可以根据学生的学习进展和表现提供个性化反馈，帮助学生发现自己在学习中的薄弱环节，及时调整学习内容，从而确保学生的学习效果达到最佳。例如，虚拟教师可以在平台上针对每个学生的具体问题进行实时指导，给出调整建议，帮助学生克服困难，激发他们的学习动力。

数字平台作为信息空间的载体，为民族传统体育文化的传承提供了强大的支持。通过这些平台，学生不仅可以随时随地学习传统体育项目的技能，还能深入了解这些项目的文化背景、历史故事及其精神价值。平台的互动性和社交功能促进了学生之间的交流和互动，增强了文化认同感，并帮助学生更加全面地理解和体验传统体育项目。通过个性化学习和定制化内容的提供，数字平台能满足不同学生的需求，推动民族传统体育文化在现代教育中的传承与创新。

四、虚拟空间中的跨文化交流

信息空间理论特别强调跨文化交流的潜力，尤其是在数字化时代，信息空间为文化的跨地域传播提供了前所未有的机会。传统体育项目通过数字化平台的支持，能突破地理和文化的界限，进入虚拟空间进行全球传播和交流。传统体育项目不仅是某一民族的文化符号，在数字平台的帮助下，还将成为连接不同文化、促进全球文化交流的重要桥梁。通过这些平台，来自世界各国的学生可以共同参与传统体育项目的学习、体验和讨论，从而促进不同文化背景的学生之间的交流与理解。这种虚拟空间中的跨文化互动，为民族传统体育文化的传播提供了全新的路径，使得全球范围内的文化共享成为可能。

（一）信息空间为跨文化交流提供了平台

信息空间的数字化特性使其成为不同文化之间交流的有效平台。通过虚拟空间，世界各国的学生不仅能接触到本民族的传统体育项目，还能够参与到其他文化中的传统体育学习中。借助互联网和数字平台，学生们可以在线学习不同国家的民族传统体育项目，分享各自的学习经验、技巧、文化背景及历史故事。这种文化的相互学习和对话，帮助学生扩大视野，增强对不同文化的理解和尊重。

例如，来自中国的学生可以在数字平台上学习和分享传统武术的技巧和哲学思想，而来自其他国家的学生则可以分享他们自己的传统体育项目，如印度的瑜伽、韩国的跆拳道等。平台通过翻译工具和多语言支持，使不同文化背景的学生能顺畅地进行交流，不仅提升了他们对其他文化的认知，还加深了他们对本民族文化的认同和自豪感。

（二）虚拟空间促进民族传统体育文化的全球传播

虚拟空间的开放性使得传统体育项目不再局限于某一特定地域或国家的文化，而能在全球范围内进行传播。通过线上教学、虚拟赛事和文化交流活动，传统体育项目得以在更广泛的范围内传播，不仅增加了文化的曝光度，也促进了文化的多样化展示。数字平台提供了一个全球化的舞台，让不同民族的传统体育项目得以在全球范围内的学生群体中分享和学习。

此外，虚拟空间中的跨文化交流也为传统体育项目的创新提供了动力。通过不同文化背景学生的互动与分享，民族传统体育文化不仅得到了保存，还能在互相碰撞与交流中焕发出新的生命力。这种跨文化的交流为传统体育项目带来了新的表现形式和创新元素，使其在保持原有文化特色的基础上，能适应现代社会的发展需求，吸引更多的年轻学生参与其中。

（三）跨文化交流中的文化理解与尊重

虚拟空间中的跨文化交流不仅是技能的学习和技巧的交流，还涵盖了对不同文化的理解和尊重。通过数字平台，学生可以深入了解其他国家的传统体育项目背后的文化背景和精神价值，进一步增进对不同文化的尊重与包容。这种跨文化的互动帮助学生更全面地理解世界各地的文化多样性，培养国际视野和全球文化认同。

例如，在虚拟平台上，中国学生学习跆拳道时不仅学到的是运动技巧，更能接触到韩国文化中注重礼仪、尊重和自律的教育理念。与此同时，韩国学生在学习中国武术时不仅学到了动作技巧，还能体会到武术背后的"天人合一"的哲学思想。这种跨文化的理解和互动，深化了学生对其他文化的认知，促进了全球文化的交流和理解。

（四）促进全球文化的融合与创新

虚拟空间中的跨文化交流不仅仅是不同文化的碰撞与互动，还为全球文化的融合与创新提供了机遇。数字平台为不同文化背景的学生提供了共同的学习与交流空间，学生能从中汲取各自文化中的精髓，创新并融合这些文化元素，创造出适应现代社会需求的文化形式。

例如，传统武术的教学在数字平台上与现代运动科学、健身方法等相结合，产生了新的形式，吸引了更多年轻人和外国学生的关注。同样，跆拳道的文化精神也在跨文化的交流中得到了丰富和再创作，在全球范围内得到更广泛的传播。这种文化的融合不仅促进了传统体育项目的发展，也促进了文化创新，推动了全球文化的多样性和共同进步。

信息空间的构建为民族传统体育文化的跨文化交流提供了新的平台。通过数字平台的支持，来自世界各地的学生能共同参与民族传统体育项目的学习与体验，促进了不同文化背景的学生之间的互动与理解。这种跨文化的交流，不仅加强了学生对不同文化的认知，也使得传统体育文化能跨越地域与文化的界限，走向全球。数字平台中的跨文化互动为民族传统体育文化的传播开辟了新的路径，并为全球文化的融合与创新提供了无限的可能性。

民族传统体育文化资源的数字化传承依赖于文化记忆理论、编码解码理论和信息空间理论的有力支撑。这些理论不仅为数字化传承提供了深刻的思想基础,还帮助我们理解如何通过数字技术有效地保存、传播和再创造民族传统体育文化资源。高校在数字化传承过程中,应充分利用这些理论指导,确保民族传统体育文化在现代教育体系中的有效传承与创新。

第六章 高校民族传统体育文化资源数字化传承的目标策略

在全球化和数字化时代的背景下，民族传统体育文化面临着传承和保护的双重挑战。高校作为文化教育的重要阵地，肩负着传承民族传统体育文化的重任。随着信息技术的发展，数字化已成为有效保存和传播文化的重要手段。高校通过数字化传承民族传统体育文化资源，不仅能突破地域和时间的限制，还能为传统文化的保护与创新提供新的可能性。然而，在实际操作过程中，如何科学合理地设计和实施数字化传承策略，确保文化内涵的完整性与深度，成为亟待解决的关键问题。通过合理规划数字化资源的开发与利用，明确传承的目标和策略，可以推动民族传统体育文化在现代社会中的传承与发展，助力文化遗产的可持续性保护。因此，制定清晰的目标策略，探索适合高校实践的数字化路径，已成为提升民族传统体育文化资源传承效能的重要举措。

第一节 高校民族传统体育文化资源数字化传承的目标要求

一、文化传承的完整性和准确性

高校在进行民族传统体育文化资源的数字化传承时，首要任务是确保文化的完整性和准确性。数字化技术提供了便捷的传播渠道，但在将传统体育项目转化为数字化形式的过程中，必须格外关注文化的精髓和内涵的保留。传统体育项目不仅仅是动作的展示，还蕴含着深厚的历史背景、文化理念和精神价值，数字化的过程中不能因为追求简化和便捷而损害其原始的文化特色。因此，确保数字化传承过程中传统体育项目的历史背景、文化内涵和精神价值得到准确还原，是数字化传承的核心任务之一。

（一）保证传统体育项目文化内涵的传递

民族传统体育项目的文化内涵是其核心特质之一，数字化传承必须确保这些文化元素在传递过程中得到充分的保留与准确的表达。例如，传统武术的"天人合一"理念、跆拳道中的"礼仪廉耻"精神，或舞龙舞狮所展现的团结协作精神，都是这些项目的深厚文化凝炼体现。数字化教学平台不仅需要展示这些体育项目的技术动作，还应通过图文、视频、音频等多种方式详细阐述项目背后的文化精神。例如，在传统武术的数字化教学中，除了展示标准化的武术动作演示，平台还应提供配套的旁白或解说，通过多媒体材料详细讲解武术的哲学思想、历史背景及在中国传统文化中的地位。通过这种多层次、多维度的表达与传递，学生不仅能学到技能动作，还能从文化的角度理解这些项目所蕴含的精神和价值，加深对民族传统体育文化的认同。

（二）确保历史背景的准确性

民族传统体育项目背后往往蕴含着丰富的历史背景。数字化传承过程必须确保历史信息的准确性和完整性，避免将历史背景简化或曲解。像武术、摔跤、跆拳道等传统体育项目，通常有着几百乃至上千年的历史，这些项目的演变与社会、历史及政治因素密切相关。在数字化过程中，除了呈现动作技巧外，更应注重项目历史的还原，帮助学生从根本上了解这些体育项目的发展脉络。例如，在武术的数字化教学中，不仅要讲解如何进行动作训练，还要介绍武术的起源、发展过程、流派、代表人物等历史背景，使学生深入理解这些体育项目的历史发展，并通过了解历史演变增加对传统文化的尊重和认同。

（三）精准还原文化精神与价值

数字化技术的应用在提供便利的同时，也面临着将传统项目简化或失真的风险。在项目数字化过程中，必须避免对文化精神和背景的过度简化。例如，传统体育项目中的礼仪、精神要求等常常是该项目核心价值的一部分，而这些要素如果被忽视或过度简化，就会使文化传递受损害。因此，数字化传承不仅需要呈现技术动作，还应通过多种方式、包括图像、视频、音频、动画等手段，丰富项目的文化内涵。例如，数字化传承跆拳道时，除了展示其技术动作，还应加入"礼仪廉耻"精神的讲解。通过这种全面的呈现方式，学生在学习动作技能的同时，能理解并内化其中的文化精神和价值观，从而达到技术与文化的双重学习。

（四）利用多媒体技术还原传统体育项目的原貌

在数字化过程中，视觉表现力对于传统体育项目的文化传递至关重要。多媒体技术可以帮助精确还原这些项目的原貌，并传递其独特的视觉风格和艺术表现。例如，通过高清摄像和三维动画技术，传统体育项目的动作细节、技巧要点和文化特点能得到清晰展现。以传统武术为例，使用慢镜头和分解镜头，学生可以看到每个动作的细节、技术要点及其与文化精神的契合度。这种多角度、高清晰度的呈现方式，不仅帮助学生更好地掌握技术，也能让学生更好地理解这些动作背后的文化和艺术表现，激发他们对传统文化的兴趣与敬意。

（五）避免文化简化与失真

在数字化过程中，存在着因时间、技术、传播方式等限制而导致传统体育项目文化元素简化或失真的风险。为了确保文化的准确传承，数字化平台必须避免过度简化和片面化的处理方式。数字化课程的设计应确保项目的文化背景、精神理念和历史脉络得到完整呈现，而不仅仅是侧重于技术动作的展示。平台应精心挑选并展示那些具有代表性的、有价值的文化元素，确保这些元素不会被忽视或误解。例如，在传授传统体育技巧时，要结合相应的文化背景讲解，使学生在技能学习的过程中深刻理解项目背后的文化意义。通过这种深度和广度兼具的设计，学生能全面掌握技能，并对传统体育项目的文化价值和精神内涵有更深入的认识，避免将这些项目仅仅视为技巧训练的工具。

高校在进行民族传统体育文化的数字化传承时，必须确保文化传承的完整性和准确性。数字化技术为传统体育项目的教学和传播提供了便捷的渠道，但在转换为数字化形式时，必须保留项目的历史背景、文化内涵和精神价值。通过多媒体技术的精准还原和精心设计，传统体育项目的文化精髓得以传承并展示出来。在此过程中，高校应注重文化的深度和广度，确保学生在掌握技能的同时，领悟传统体育项目背后的文化意义，推动民族文化的真正传承和创新。

二、学生全面素质的提升

民族传统体育文化的数字化传承不仅是对学生体育技能的提升，更重要的是通过这一过程，促进学生全面素质的发展。高校在数字化传承的过程中，应将传统体育项目与文化教育相结合，注重培养学生的综合素养。包括提高学生的文化素养、团队协作精神、责任感以及对民族文化的认同感和自信心。借助数字平台增强教学活动的互动性和多样性，学生能在学习体育技能的同时，增强对民族传统文化的认同与自豪感，从而实现全面素质的提升。

（一）文化素养的提高

民族传统体育项目不仅是体能锻炼的途径，更是文化教育的重要载体。通过数字化传承，这些项目的文化内涵得到有效的传递。学生在数字平台上不仅学习到传统体育技巧，还能深入了解这些项目所承载的历史背景、哲学思想、民族精神及其文化价值。例如，在武术的学习中，学生不仅要掌握基本的动作技能，还可以通过视频讲解、图文结合和互动问答等形式，了解武术中的"天人合一"思想，感受其"无招胜有招"的精髓，并学会如何通过练习武术技巧达到身心合一、精神升华的境界。

数字平台使学习者能在练习技能的过程中深刻理解每个动作背后的文化和哲学思想，进一步提高他们的文化素养。此外，数字化学习方式还通过互动性与参与感的增强，帮助学生理解不同文化之间的联系与差异。通过线上平台，学生可以参与全球性的文化交流活动，跨越时空的限制，感受世界其他地区民族传统体育的魅力，增强跨文化的理解与欣赏，从而全面提升他们的文化素养。

（二）团队协作精神的培养

传统体育项目，尤其是集体性项目，如舞龙舞狮、传统摔跤等，注重团队合作与集体精神的培养。数字化平台通过多样的互动模式，为学生提供与他人合作的机会，促进团队精神的发展。虽然在虚拟学习环境中，学生通过个人练习可以提升个人技能，但平台还可设计虚拟团队协作或在线竞技模式，让学生通过集体活动共同完成任务，增强他们的合作与沟通能力。例如，通过模拟团队竞技、虚拟赛事等形式，学生需要与其他同学合作，协调完成任务并解决问题。在这些过程中，学生不仅能提升自己的技术水平，还能学习如何在集体中分工协作，如何有效地支持他人，如何在团队中发挥自己的特长。这种团队合作的经历不仅对体育项目的学习至关重要，也为学生在未来的社会和职场中培养合作精神与领导力奠定了基础。

（三）责任感与纪律性的培养

许多民族传统体育项目强调的不仅是技能训练，还特别注重个人品格的培养。通过数字化教学平台，学生能在学习技术的同时，理解并内化项目中所包含的纪律性和责任感。例如，跆拳道强调"礼仪廉耻、忍耐克己"的精神，这不仅是对动作技巧的传授，更是对个人品德的塑造。数字平台可以通过视频讲解、行为示范、互动反馈等方式，帮助学生了解并体验这些道德规范。在实际操作中，平台能够提供模拟实践和虚拟互动的机会，让学生通过互动的形式体会遵守规则、尊重他人、承担责任的重要性。在学习过程中，学生将逐步理解这些项目中的道德理念，从而在日常生活和学习中践行责任、保持纪律，形成良好的个性和习惯。

（四）文化认同感与自信心的增强

通过民族传统体育项目的数字化传承，学生不仅能学习本民族的传统体育，还能增强对自己文化的认同感与自豪感。数字平台为学生提供了一个全球化的学习空间，学生不仅能学习本国的传统体育项目，还能与来自世界各地的学生互动，分享各自国家的体育文化，这种跨文化的交流和学习促进了学生对自己文化的认同和自信心的提升。例如，在学习中国传统武术的同时，学生可以与其他国家的同学分享彼此对传统体育的理解，并参与到全球性文化交流中。这种跨文化的互动有助于学生更加深入地理解自己民族的文化特色及其全球价值，从而在全球化的背景下，增强对民族文化的自信与自豪，使学生不仅在体育技能方面有所成长，在文化认同和自我价值感的提升上也获得全面的进步。

（五）促进全面发展的教育模式

数字平台为学生提供了灵活多样的学习方式，使学生能够根据个人兴趣和学习进度选择合适的课程内容，从而实现个性化的素质提升。每个学生的兴趣和需求不同，数字平台能够根据学生的学习轨迹，定制符合其个性化发展的学习方案。这种灵活的学习模式不仅能帮助学生更好地掌握传统体育项目的技巧，还能促进他们在各个方面的发展。例如，一些学生可能更关注体育技能的提升，而另一些学生可能对文化背景和哲学思想有更深的兴趣。通过数字化学习平台，学生可以根据自己的需求选择相关的学习内容和课程模块，灵活安排学习时间和进度，在技能、文化、品格等多个方面实现全面发展。此外，平台还可以根据学生的学习成果和反馈调整学习内容，提供更加个性化的学习建议，从而帮助学生在各个维度上全面提升自己。

民族传统体育文化的数字化传承不仅仅是对体育技能的教授，更是学生全面素质提升的重要途径。通过数字平台，学生能在掌握体育技能的同时，深入理解传统体育项目的文化内涵、历史背景和精神价值，培养团队协作精神、责任感和自信心。数字化教学方式的灵活性和互动性，使学生能在全球化的背景下更好地认同和传承本民族文化，促进他们的全面发展。

三、跨文化交流与全球传播

随着全球化的不断推进，文化的传播和交流已不再受限于地域的界限。高校应当利用数字平台和网络课程，推动民族传统体育文化的数字化传承，将其作为促进全球文化交流的重要手段。通过数字化技术，传统体育项目能打破时空的障碍，向全球范围传播。高校不仅为本土学生提供了深入的文化教育，也为全球的学生提供了解和参与中华民族传统体育文化的机会，进而促进全球文化的交流与理解。

（一）数字平台的跨文化传播能力

数字平台作为当今教育和文化传播的重要工具，已经突破了地域和文化的限制，成为连接全球学生和文化的重要纽带。借助互联网技术、VR、AR等现代数字手段，传统体育项目的教学和文化背景能跨越时空界限，传播到世界各地。高校可以通过在线课程、社交媒体、视频教程以及虚拟互动平台等方式，使全球学生都能接触和学习民族传统体育文化，不仅在技能层面获得培训，还能深入理解每个项目背后的文化、哲学思想以及社会价值。例如，借助线上教学和虚拟课堂，世界各地的学生可以一起学习武术、舞龙舞狮等传统体育项目，不同文化背景的学生可以通过数字平台共同探讨这些项目的历史渊源、技术内涵和精神实质。这样，数字平台不仅是技能学习的工具，也是跨文化交流与理解的桥梁。它将世界各地的文化汇聚在一起，促使不同国家的学生通过数字化手段共享文化知识。

（二）促进全球文化的互动与融合

通过数字化的手段进行文化传承，民族传统体育项目不仅实现了全球范围的传播，更为不同文化背景的学生提供了一个互动与融合的机会。在全球化的背景下，数字平台为学生创造了一个跨文化交流的空间，学生不仅能学习到他国的传统体育项目，还能在交流与分享的过程中，加深对自己民族文化的认同感与自豪感。例如，通过线上武术课程，学习中国传统武术的学生可以与世界各地的同学分享对这一传统项目的理解与体验。而在此过程中，他们也接触到其他国家的传统体育项目，如印度的瑜伽、巴西的卡波耶拉、俄罗斯的桑博等，通过互相学习、分享经验，学生能更好地理解不同文化的独特性与共性。这种文化的交流和互动，不仅增进了学生之间的理解和友谊,也为全球文化的融合搭建了一个多元开放的平台,促进了全球范围内的相互尊重与欣赏,减少了文化隔阂和误解。

(三)传统体育文化的全球化传播

随着数字平台的迅速普及,传统体育项目的全球传播已经成为现实,且影响力不断扩大。通过利用数字化平台,传统体育项目能够更加高效地传播到世界各地,为全球文化交流提供了新的动力。高校可以借助在线国际赛事、文化节和跨国交流活动等形式,推动传统体育项目的全球传播。例如,组织在线国际武术比赛或舞龙舞狮表演等活动,让世界各地的学生参与到这些传统体育项目中来。通过这些跨国线上赛事,学生不仅能展示自己的技能,还能更深入地了解和感受中国武术的文化内涵和哲学思想。同时,这些线上活动也是中华民族传统文化在国际舞台上的展示窗口,有助于提升中国传统文化在世界范围内的影响力。此外,跨国文化节和文化交流活动不仅能增强各国学生对中国传统体育的兴趣,也为中国文化提供了一个展示的机会,从而促进文化的全球化传播,提升中华文化的国际软实力,增进全球对中国传统文化的认同与尊重。

数字平台的跨文化传播能力使得民族传统体育文化能在全球范围内实现广泛传播。通过数字化手段,高校能突破地域和文化的限制,促进全球文化的互动与融合。传统体育项目通过网络平台和跨国文化交流,增强了全球学生对中华民族文化的认知与理解,并在全球范围内提升了中华文化的影响力。这不仅是民族传统体育文化的传承,也是全球文化交流的重要途径,推动着文化的多元化发展与全球化进程。

四、教育创新和教学效果的提升

随着数字技术的飞速发展,数字化传承成为高校体育教育创新的一个重要手段。传统的教育模式往往局限于课堂教学和实践训练,而数字化技术的引入能突破这些局限,为学生提供更丰富的学习体验,提升学生对传统体育项目的学习兴趣和参与度。高校应通过创新的数字化教学平台和资源,提升学生的技能水平,并全面推动教育的创新,确保教学内容与方式的多样化,增强教学效果。

(一)数字化平台助力教育创新

数字化教学平台的迅猛发展为传统体育项目的教育方式带来了全新的

机遇，开创了教育创新的新篇章。借助数字平台，学生不仅可以随时随地学习传统体育项目的技巧，还能够利用 VR、AR 和互动式教学等多种现代化手段，进行更为沉浸式的学习体验。这些创新的教学方式有效突破了传统教学模式的局限，使学生能在虚拟的空间中深入理解和实践每一个动作和技术要点。例如，借助 VR 技术，学生在学习传统武术时，可以模拟武术对练的场景，亲身体验不同环境下的动作训练。通过虚拟对练，学生能感知力与力之间的互动，实时调整姿势，甚至与虚拟对手进行比赛。这种身临其境的体验不仅增强了学生的学习互动性，还帮助他们更好地掌握技能，进而深刻理解武术背后的文化内涵与哲学思想。通过这些技术手段，学生可以突破物理场地的限制，在虚拟世界中进行有效的体育技能训练，从而提高学习效率加深文化理解。

（二）提升学生的学习兴趣和参与度

传统体育项目，尤其是如武术、摔跤等技巧性较强的项目，因其较高的难度和专业性，常常让一些学生感到畏惧或失去信心。然而，数字化教学平台的应用，能有效激发学生的学习兴趣，提升他们的参与度。通过丰富多样的互动内容，数字平台为学生提供了更多参与的机会。例如，学生可以与全球的同伴进行实时互动、合作训练，甚至参与虚拟比赛来检验自己的学习成果。互动性强的内容不仅增强了学生的成就感，还激发了他们不断挑战自我、积极投入学习的热情。此外，数字平台能根据学生的个人学习进度和兴趣，推荐个性化的学习内容，帮助学生制定符合自己需求的学习计划。这种个性化的学习方式能让学生在自己的节奏中掌握技能，逐步提升自信心和成就感，从而提高他们对传统体育项目的兴趣和学习动力。

（三）打破空间限制，丰富学习体验

传统的体育教育往往受限于课堂的时间和训练场地，学生的学习只能在特定的时间和地点进行。然而，数字化平台的出现打破了这些空间和时间的限制，使学生能灵活地进行远程学习和训练。通过远程教学、线上互动等形式，学生可以随时随地进行学习和练习。例如，数字平台通过直播和录播课程的方式，不再局限于固定的课堂时间，学生可以根据自己的时间安排进行自主学习。此外，平台还提供了丰富的课程内容，包括教学视频、技术讲解、文化背景知识等，帮助学生从多个维度了解和掌握传统体育项目的技能和文化。这种打破空间限制的学习方式不仅提高了学生学习的灵活性，也使他们能根据自身的需求来自由选择课程内容和学习节奏。

（四）教学效果的多元化提升

数字化教学不仅有效提升了传统体育项目教学的效果，还推动了教育方法的多样化。在传统的体育教学中，学生主要依赖教师的讲解和现场示范，而数字化平台则提供了更多元化的学习资源和体验方式。学生可以通过互动式学习、模拟训练、虚拟比赛等多种形式的教学内容，获得更加多维的学习体验。例如，学生可以通过参与虚拟比赛检验自己的技术水平，或通过互动课程与同学共同讨论和解决练习中的难题。平台不仅提供了传统体育项目的技术教学，还整合了丰富的文化背景与历史知识，使学生能在学习技能的同时，深入理解项目的文化与哲学。这种多样化的教学方式有助于提高学生的综合素质，帮助他们从更全面的视角去理解传统体育项目。

（五）数字化资源的整合与优化

为了推动民族传统体育文化的数字化传承，高校在应用数字平台时应注重资源的整合与优化。通过整合各类数字化资源，如教学视频、训练课程、文化解读资料等，形成一个系统化、专业化的数字化教学体系。这些资源可以根据课程的具体需求进行灵活配置，为学生提供全方位的学习支持。例如，学校可以通过开发综合性数字平台，整合传统体育项目的教学内容、训练方案、历史背景、文化精神等多方面的资料，帮助学生深入学习和理解民族传统体育项目。同时，平台通过智能化工具对学生的学习情况进行分析，提供个性化的学习建议和改进方案，从而进一步提高教学效果的精准性和针对性。这种资源整合与优化的方式，能在数字化教学过程中实现教育资源的最大化利用，提升学生的学习效果和文化素养。

数字化传承为高校体育教育带来了前所未有的创新机会。通过构建数字化教学平台，学生不仅能在便捷的环境中学习传统体育项目，还能通过互动、虚拟现实、跨地域学习等方式丰富自己的学习体验，提升参与度。这种创新性的教学方式不仅能激发学生对传统体育项目的兴趣，还能有效提升他们的学习效果。同时，数字化资源的整合和优化为学生提供了系统化的学习支持，促进了教学效果的全面提升。通过数字化手段，传统体育项目的教学方式变得更加多元和灵活，推动了教育方式的创新，并为传统体育文化的传承注入了新的活力。

第二节 高校民族传统体育文化资源数字化传承的风险规避

一、数字化传承应规避失真与浅薄化风险

在数字化传承过程中，尽管数字化技术提供了便利和高效的传播渠道，但也带来了一定的文化失真与浅薄化的风险。传统体育文化的传承是一个复杂的过程，涉及动作、理念、历史和精神的多重层面，而数字化的简化与标准化可能会忽视或简化这些细节，从而影响文化的核心精神与深度。因此，高校在进行民族传统体育文化资源数字化传承时，必须采取严格的措施，确保文化的完整性和深度，同时避免将传统体育项目表面化或过度简化。

（一）应严格把控数字化内容的质量

在民族传统体育文化的数字化传承过程中，高校必须严格把控数字化内容的质量，确保内容的真实性、准确性和文化的完整性。数字化转型虽然能带来便捷的学习方式，但也存在过度简化和误解传统文化的风险。因此，学校不仅要依赖技术支持，还需要引入相关领域内的文化专家、学者和项目传承人参与内容制作。专家的参与至关重要，能确保数字化内容不仅仅是技术动作的演示，还包含文化深度的解读，避免出现表面化和肤浅化的问题。

例如，邀请传统体育项目的传承人、学者和文化专家参与课程设计和数字内容的制作，可以确保内容的专业性与文化传递的准确性。专家的专业知识和实践经验能为数字平台提供丰富的文化背景，帮助学生更好地理解这些项目背后的文化理念。通过这种合作，学校可以生产出具有学术价值、文化深度和教育意义的数字化资源，而非仅仅依赖技术手段来呈现传统体育项目的表面技巧。这种综合性的数字内容制作能提升学生的学习质量，使他们在学习技能的同时，也能全面领会文化精神和历史背景。

(二)注重传统文化的多维表达

为了确保数字化传承不丧失传统体育项目的深度和丰富性，高校应注重采用多维的表达方式进行文化传递。传统体育项目的文化价值不仅体现在动作技巧上，更在于它蕴含的历史、背景、哲学理念和社会功能。因此，数字化传承不能仅仅关注技能教学，而应融入多元化的文化表达方式，确保文化内容能够立体地呈现。例如，通过视频、图文、VR 等多种方式，高校可以展示民族传统体育项目的历史发展、文化背景、哲学思想等层面。视频不仅可以展示体育项目的技术细节，还可以加入历史和文化背景的讲解；VR 技术可以让学生身临其境地体验传统体育项目的历史情境，增强互动感和代入感；图文并茂的讲解可以帮助学生从文字中深入了解文化的精神内涵。此外，数字平台还可以借助社交媒体和线上平台开展学术讨论和文化交流，鼓励学生在学习技能的同时，进一步探讨项目背后的文化意义和哲学思想。通过这种多元化的表达方式，学生能从不同角度和层次理解传统体育项目，提升对民族文化的认同感和自豪感。

(三)文献支持和文化资源整合

为了确保文化内涵和历史背景的精准传递，高校应当加强文献支持和文化资源的整合工作。民族传统体育项目的数字化传承不仅依赖于现场传授的经验，还应当依托系统的学术支持，尤其是经典文献的挖掘与整理工作。通过对相关文献资料的整合，高校的教育工作拥有更为丰富的理论依据作支撑，使学生在训练技能的同时，全面了解传统体育项目的历史发展、文化背景和社会意义。

例如，高校可以创建数字化文献库，包含传统体育项目的经典文献、学术研究论文、相关书籍等资料，供学生在学习过程中查阅和参考。通过这种资源整合，学生不仅能深入理解传统体育项目的历史和文化，还能接触到更广泛的研究成果，拓宽文化视野，激发他们对民族传统体育文化的探索兴趣。此外，学校还可以开发相关的背景知识课程，通过理论与实践的结合，增强学生的文化认知能力，促进传统体育文化的传承与创新。

这种文献支持和文化资源的整合，不仅提升了数字化传承的专业性，还能为学生提供丰富的学习资源，确保他们在理解传统体育项目的文化价值时能得到更多的学术支持，从而为更好地传承和发扬民族传统体育文化奠定坚实的基础。

在数字化传承民族传统体育文化的过程中，高校必须确保文化的完整性和准确性，避免文化失真和浅薄化的风险。通过严格把控数字化内容的质量、注重传统文化的多维表达、利用文献支持和跨学科合作，学校能确保民族传统体育项目的文化内涵在数字化传承过程中不被削弱，同时帮助学生全面、深入地理解传统体育项目的历史与精神价值。通过这种方式，高校不仅能有效传承民族传统体育文化，还能促进文化自信和民族认同感的培养。

二、数字化传承应规避依赖过度技术的风险

随着数字化技术在教育中的广泛应用，民族传统体育文化的数字化传承为学生提供了更加便捷、高效的学习方式。然而，过度依赖数字化技术可能会带来一些潜在的风险，特别是在传统体育项目的学习过程中，可能导致学生忽视实践中的身体训练和精神修养。传统体育项目强调身体技巧与内在精神的结合，而数字化教学往往过于侧重技术操作，忽视文化内涵的传递和实践体验。因此，高校在进行数字化教学时，必须注意平衡技术与实践之间的关系，确保学生能在获得数字化教学的同时，保持与传统体育项目深厚文化内涵的联系。

（一）传统体育项目的全方位体验

民族传统体育项目不仅仅是关于技能的传授，更是一种身体和精神的全面修炼，旨在实现身心合一。传统武术中的"气韵生动"、跆拳道中的"礼仪廉耻"，以及舞龙舞狮的团结合作精神等，都体现了体育训练背后深厚的文化哲学与精神内涵。在数字化教学平台中，虽然视频演示、动作分解等技术手段有助于学生掌握技巧，但如果过于强调技术操作，可能会忽视这些项目背后的文化哲学和精神层面的深度。这种偏重技术的教学方式，会让学生停留在技能模仿与执行上，而忽视了对传统体育项目文化内涵的多维理解。

为了避免这种情况，高校在数字化教学中应注重将文化的传递与实践训练相结合。学生应通过数字化平台获取基础的技术动作，同时也需要进行实际的操作训练，亲身体验体育项目所蕴含的精神和文化。例如，在武术的教学过程中，除了通过视频学习如何完成基本的动作，还要通过实地练习体会"气"的流动，体验身心协调的奥秘。通过这种理论与实践相结合的方式，学生不仅能掌握技巧，更能深刻感悟到传统体育项目中所传承的文化精神，从而实现身体与精神的同步成长。

（二）保证文化内涵的传递

传统体育项目的文化内涵是其独特魅力的根本所在。在数字化传承过程中，若过度依赖技术操作和技能训练，可能会弱化对文化传递的关注，从而导致学生忽视项目背后的文化价值。尤其是像跆拳道中的"礼仪廉耻"精神、传统武术中的"天人合一"理念等，如果没有足够的文化阐释，学生可能仅停留在动作技巧的层面，缺乏对其背后哲学思想的理解。

为了确保文化内涵的准确传递，高校在设计数字化课程时，必须加强对项目文化背景、哲学思想和精神内涵的讲解。这不仅限于动作技巧的传授，而应结合在线课程、互动讨论和丰富的文化资源，使学生在技能学习的过程中，深入理解这些项目背后的文化和哲学意义。例如，在学习传统武术时，数字平台不仅应展示动作，还应通过旁白、视频讲解等形式，讲解武术的历史、文化精神及其哲学理念。这种文化深度的加入，能帮助学生真正理解武术不仅仅是技巧的展示，更是文化和精神的传承。

（三）技术与实践教学的有机结合

尽管数字化教学平台提供了便利的学习资源，但它们仍然应当作为传统体育项目教学的辅助工具，而非完全替代。学生必须通过亲身的身体实践来掌握技能和体验文化的精髓。数字化教学虽然可以展示动作技巧，但无法完全替代实践中的身体体验和精神的感悟。

例如，在学习中国传统武术时，学生可以通过数字平台分解动作，理解基本技巧，但仅通过屏幕观看，显然无法体验每个动作的力度、速度和内在含义。实践教学则可以让学生在与他人对练或实际训练中，通过身体感知武术的核心价值和文化内涵。数字化教学可以为学生提供理论支持，但真正的技能掌握和文化体验必须通过实际操作来实现，只有实践中的身体感受才能让学生更深入地理解这些项目背后的精神与哲学思想。

（四）实践体验的重要性

传统体育项目的本质不仅仅是技术的提升，更重要的是身体与精神的双重修炼。单纯依赖数字化工具进行虚拟练习或模拟，不能完全代替实践中的亲身体验。例如，摔跤、舞龙舞狮等传统项目需要身体的协调性与团队合作，只有通过与他人的对抗或集体协作，学生才能真正体会到这些项目的内在精神和文化价值。虽然数字平台能够模拟动作、演示技巧，但无法完全再现实际的练习体验以及身体与他人互动时产生的心理变化。

因此，高校应设计结合数字化教学和实际实践的教学模式，让学生在课堂学习中巩固技能的同时，在实际训练中深化对文化内涵的理解。线上学习提供理论和技能的支持，而实践训练则让学生通过身体体验去感悟每个动作的力量与精髓。通过这种理论与实践相结合的方式，学生不仅能掌握技能，还能更深入地理解传统体育项目的文化背景和精神内涵。

（五）加强学生的文化理解与内在修养

传统体育项目不仅强调外在的技能训练，更注重内在精神和文化修养的提升。在数字化传承的过程中，高校不仅要关注学生的技术动作传授，还应注重学生文化修养的培养。传统体育项目中，许多精髓理念与道德规范是与个人品格的塑造紧密相连的。

在数字化教学中，高校可以通过丰富的学习材料，如文化背景资料、在线讲座、互动学习等，帮助学生加深对项目精神内涵的理解。比如，学习传统武术时，学生不仅要了解基本的动作技巧，还要深入理解"内外合一"的修炼思想、武德精神等内容。通过这些文化资源的整合与呈现，学生不仅能学到传统体育项目的技巧，还能在精神和文化层面获得全面提升，形成良好的体育素养和品格修养。

总的来说，数字化教学可以为民族传统体育项目的传承提供更加便捷的途径，但只有将数字化技术与传统实践教学有机结合，才能实现技能学习与文化内涵的双重提升。这种全方位的教学模式，不仅帮助学生掌握技巧，还能让他们深刻感悟到传统体育项目中所蕴含的哲学思想和精神价值，从而实现全面的素质教育。

三、数字平台内容的更新换代与过时风险

随着科技的迅猛发展，数字平台和教学内容的更新换代速度极快，这为民族传统体育文化的数字化传承带来了新的挑战。数字平台和资源若不及时更新，可能很快就会过时，从而影响教学效果和资源的利用效率。为了规避这一风险，高校在进行数字化传承时，需要构建灵活且可持续的传承体系，确保平台和内容能适应技术变化和学生需求的不断发展。这包括定期更新数字资源、引入新技术，以及设计长期的教育项目，以保证教学内容始终符合现代教育的需求。

（一）定期更新数字资源

数字化传承的一个重要环节是定期更新数字资源。随着科技不断进步，新的技术和工具不断涌现，对已有数字资源的更新提出了更高的要求。高校

在进行民族传统体育项目的数字化传承时,必须确保数字化内容始终保持现代化,符合最新的技术标准和教育需求。例如,传统体育项目的教学视频、数字化教材、虚拟训练工具等,随着新技术的不断涌现,都需要及时进行升级,以保证教学内容不仅具备时代感,还能有效帮助学生掌握技能并深化对文化内涵的理解。

为此,高校应与技术开发团队保持紧密合作,定期评估平台的使用效果,获取师生反馈,了解资源的更新需求。例如,武术教学平台定期更新,除了加入新的训练方法外,还可以引入基于新科技开发的互动教学模式。根据学生的反馈,学校还应及时调整课程内容、优化平台的操作界面和功能,以确保平台在教学应用中能始终保持先进性和高效性。这种定期更新的机制能帮助高校适应快速发展的技术环境,为学生提供更有趣、更有效的学习体验。

(二)引入新的教学技术

随着数字技术的不断创新,高校应积极引入新技术,如 AI、AR 和 VR,以提升传统体育文化项目的数字化教学效果。这些技术不仅能丰富教学形式,还能为学生提供更多互动性和沉浸式的体验,极大地增强学生的学习兴趣和参与感。

例如,VR 技术可以帮助学生更直观地理解传统体育项目的动作和技巧,模拟实战环境,使学生能在虚拟世界中反复训练,直到掌握动作要领。AI 则能根据学生的学习进度和反馈,自动调整教学内容和难度,为学生提供个性化的学习路径。随着这些新技术的不断发展,数字化教学将更加灵活和个性化,促进学生对传统体育项目的深入理解和技能的掌握。

(三)设计长期的教育项目

为了确保数字化教学资源不会随着技术的更新而迅速过时,高校应设计长期、可持续的教育项目。这意味着,民族传统体育文化的数字化传承不仅要依赖短期的技术更新,还要建立一个长期且稳定的教学体系。例如,设立一套系统化的数字化课程体系,包含定期的在线培训、专业认证、文化研讨等内容,确保学生在学习过程中可以不断接触到新知识和新技术,从而保持学习的热情和动力。

长期的教育项目还应包括数字资源的维护和更新机制,这就要求高校必须成立专门的团队,持续优化和更新课程内容。只有通过不断更新的方式,数字化教学内容才能紧跟学科和技术发展的步伐,避免因技术滞后造成教学效果的下降或资源浪费。通过这种长期性的设计,高校能确保数字化传承项目在未来几年中持续有效地运作，确保每一批学生都能受益。

（四）平台的可扩展性与技术适应性

数字平台的可扩展性和技术适应性是确保其长期使用的关键。在建设数字化平台时，高校应避免对单一技术或平台的依赖，而应选择具备灵活性和可扩展性的系统，确保未来技术的变迁能顺利融入现有平台中。例如，开放性较强的数字平台可以兼容不同的技术工具和更新支持，便于系统升级和扩展。随着技术的进步，新硬件设备、软件平台和互动技术不断涌现，高校必须确保所采用的数字平台能快速适应这些技术变化，并且能为不断变化的教育需求提供支持。

选择一个具备高度适应性的数字平台，不仅能延长平台的生命周期，还能使其在不断变化的教育环境中继续发挥作用，确保数字化传承体系的持续有效运作。

（五）防止数字化内容的过度简化与单一化

随着数字化教学资源的普及，传统体育项目的内容可能面临被过度简化或单一化的风险。如果平台的内容仅聚焦快速且简单的技能训练，而忽视文化背景、历史传承和哲学理念，传统体育项目的丰富性将无法得到有效传递。因此，高校必须在设计平台内容时，确保其多样性和深度，充分展现项目的文化内涵。

数字平台应采用多维度的方式来呈现民族传统体育项目，包括图像、视频、动画、互动式讨论等形式，以避免传统体育项目仅仅被简化为动作训练或娱乐性活动。对于武术、跆拳道等项目，学校应该通过视频讲解、文化讨论和历史回顾等方式，强化项目的文化底蕴和精神内涵，帮助学生全面理解项目的深层意义。通过这种方式，学生能在学习技能的同时，不仅掌握技术，还能深入了解传统体育项目的文化哲学与社会价值。

总之，数字化传承不仅是技术手段的应用，更是文化传递的载体。高校在进行民族传统体育文化的数字化教学时，应采取灵活而可持续的策略，通过定期更新、技术引入、长期教育项目的设计等措施，确保传统体育项目的有效传承与不断创新。

四、过度商业化的风险

随着数字化平台在教育领域的不断发展，民族传统体育文化的数字化传承面临着越来越大的商业化压力。虽然商业化能为高校提供资金支持和资源保障,但过度商业化可能会削弱传统体育文化的教育功能,改变其本来的文化传承方向。高校在推进民族传统体育文化的数字化传承过程中,必须时刻警惕过度商业化带来的风险,确保文化传承始终保持教育性和公益性。为此,高校应制定明确的政策框架、建立监督机制,并将文化传承的宗旨放在首位,避免文化项目的浮躁化和功利化。

(一)维护文化传承的教育性和公益性

高校在推动民族传统体育文化的数字化传承时,必须坚守文化教育的核心价值,确保文化传承的教育性和公益性不被忽视。数字化平台不应仅仅为了商业利益或吸引用户而存在,而应始终围绕教育目标进行内容设计和资源建设,以学生的文化认同和综合素质提升为核心。为了确保这一点,高校在数字化资源的开发与平台建设过程中,需要注重内容的深度和广度,防止商业化内容的过度渗透,避免将教育和文化传承的目标淹没在盈利的浪潮中。

在这方面,高校可以通过制定严格的政策来限制商业元素的干预,确保教育性和文化传承始终占据主导地位。例如,学校可以要求平台的课程内容和教学资源必须符合学术标准,避免过多的市场需求左右内容创作。同时,明确数字平台的功能定位至关重要,应确保其主要用于文化传承与教育,而不是成为单纯的娱乐或广告工具。此外,高校还应建立严格的内容审查机制,确保平台中的每一项资源都与文化传承和教育目标保持一致,从而有效避免内容的商业化偏向。

(二)制定政策和监督机制

为了有效确保民族传统体育文化的数字化传承不被过度商业化,高校应制定详细的政策和建立健全的监督机制。这些政策的核心目标应明确指出,数字化资源的开发优先服务于教育和文化传承,而非追求商业利益。设立专门的管理委员会,负责监督数字平台的运营,有效保障平台内容的学术性、教育性和文化性。

此外,高校还应通过与政府、文化机构、学术界等多方合作,形成外部监督机制,确保平台的运营不偏离公益性和文化传承的目标。政府与社会文化机构的参与,不仅能提供政策上的支持,还能在评估和指导中为平台的内容审查提供更为全面的视角。通过这种多层次、多方位的合作和监督,可以确保数字化传承项目始终在文化传承的正确方向上发展,避免商业化和文化失真的倾向。

（三）防止文化浮躁化和功利化

随着市场需求的不断变化，尤其是在互联网时代，数字平台面临着迎合快速消费文化的压力，可能会使内容呈现浮躁和功利化的倾向。在这种环境下，平台往往过于关注如何吸引观众和获取短期利益，忽视文化的深度和长期价值。因此，高校应高度警觉这一现象，并采取有效措施防止传统体育项目的内容被过度简化、娱乐化或功利化。

为避免传统文化项目的浮躁化，学校可以采取一系列审查措施，例如在内容设计和发布过程中设立严格的审查机制，确保每一项内容都具有教育性、文化性和深度。同时，高校应鼓励平台内容的长期性和系统性设计，避免只为迎合市场和观众的短期需求而进行内容的娱乐化处理。传统体育项目应始终在尊重历史、文化和哲学的基础上，与现代教育理念相结合，形成一个有深度、有广度的教学体系，从而使其成为提升学生文化素养的重要工具，而不是一个简单的娱乐项目。

（四）强化文化教育的内涵

数字化传承民族传统体育文化时，最重要的任务是强化文化教育的内涵，而非将其简单地视为一项娱乐活动或商业化项目。教育本应是文化传承的核心内容，高校应该为学生提供系统化的文化学习机会，让他们不仅能掌握传统体育项目的技巧，还能深入理解其中蕴含的文化价值和哲学思想。例如，在教授传统武术时，不仅要教授动作的技巧，还应引导学生理解武术中"气韵生动"以及"天人合一"等哲学理念，让他们在锻炼身体的同时，也能提升自我修养，感悟人生智慧。

要达到这一目标，高校应加强课程内容的设计，将文化教育贯穿于数字化传承的全过程。例如，提供有关传统体育文化背景、历史和哲学思想的学习资料、课程讲座、学术讨论等，帮助学生通过多种方式深入理解这些项目背后的文化内涵。通过这种全方位的文化教育，学生不仅能成为技能的掌握者，更能成为文化的传承者和发扬者。

在数字化平台的使用过程中，过度商业化和功利化的风险始终存在。因此，高校必须采取有效的综合措施，确保民族传统体育文化的数字化传承不仅能满足技术更新的需求，也能维持其教育性和公益性。通过加强政策管理、建立监督机制、注重文化深度、强化文化教育等手段，可以确保数字平台的长期发展,并为学生提供一个丰富的学习环境,最终实现民族传统体育文化的可持续传承。

第三节 高校民族传统体育文化资源数字化传承的策略选择

一、多平台互动式学习,扩大民族传统体育文化覆盖面

在数字化时代,教育模式不断创新,高校应积极建设多平台互动式的学习体系,结合线上与线下教学模式,创造一个全面、灵活的数字化学习环境。传统体育项目的教学不仅需要传授技能,更需要培养学生对传统文化的兴趣与认同感。通过数字平台,学生能接触到丰富多样的学习资源,同时通过互动式学习体验增强参与感和学习效果。多平台互动式学习不仅能提供技术操作的指导,还能促进学生之间的交流与合作,提升教学的整体效果。

(一)线上与线下的结合

高校可以通过结合线上与线下教学,打造灵活多样的学习模式,满足不同学生的学习需求。在传统体育项目的教学中,线上教学平台可以提供大量的学习资源,包括视频教程、虚拟实践、文化背景讲解等内容,帮助学生在课外自主学习和复习。而线下教学则可以加强实践操作和技术指导,确保学生在实际训练中巩固所学的技能。

线上平台为学生提供了灵活的学习时间和空间,他们可以根据自己的时间安排观看视频、参与讨论和互动。通过 VR 或 AR 技术,学生可以在数字环境中模拟传统体育项目的动作,提高学习的沉浸感。而线下教学则以实践为主,教师可通过实地训练指导学生改进动作细节,强化身体体验,确保学生对传统体育项目有全面的掌握。

(二)丰富的学习资源和形式

为了提升学生的学习兴趣和参与度,高校应提供丰富的学习资源和多样的学习形式。除了传统的视频教程和讲座外,可以利用虚拟实践和互动式学习,激发学生的学习积极性。虚拟实践可以通过模拟器、VR 设备等技术,让学生在不受场地限制的情况下进行练习。例如,武术课程可以通过虚拟对练帮助学生理解动作要领并纠正姿势,武术动作不仅仅是模仿,而是深入体

验每个动作的力量与韵律。

互动式学习使学生在学习过程中不仅是被动的接受者，而是主动的参与者。高校可以设计线上互动教学，如实时解答疑问、在线反馈、学生讨论等，让学生在学习中互动、反思与分享。通过这种方式，学生不仅可以从教师的指导中获得知识，还能通过同伴之间的分享，获得更多的实践经验和文化理解，增强学习的实效性。

（三）鼓励学生间的互动与合作

线上平台如社交媒体、论坛和学习社区等，可以为学生提供一个互动平台，促进学生之间的合作和交流。通过这些平台，学生可以分享自己的学习心得、训练技巧和文化理解，彼此互相鼓励和支持。这种互动能激发学生的学习动力，也能让他们在学习中发现更多的乐趣和意义。

例如，教师可以定期在平台上发布讨论主题或学习任务，鼓励学生分享他们的学习进展，提出问题并寻求帮助。此外，学生之间还可以组建学习小组，互相督促、共同进步。在线上社交平台上，学生们不仅能了解彼此的学习状况，还能借此机会深入交流文化背景、探索更多关于传统体育项目的知识，进一步增强集体认同感和团队合作精神。

（四）个性化学习与自我评估

通过数字平台，高校可以为学生提供个性化学习体验，允许学生根据自己的兴趣和需求选择学习内容和进度。例如，某些学生可能对某一传统体育项目有特别的兴趣，而另一些学生则希望在技能训练上获得更多的帮助。数字平台可以根据学生的学习进度和反馈，智能推荐个性化的学习内容，让学生在学习中保持高效和有趣。

另外，数字平台还可以提供自我评估的功能。学生可以通过在线测试、虚拟比赛等方式，评估自己的学习成果和进步。在测试后，平台可以生成详细的学习报告，帮助学生了解自己的优势和需要改进的地方。通过这种方式，学生不仅能在学习中获得实时反馈，还能主动调整学习策略，提升自己的学习效率。

（五）提高教学互动性的策略

为了提高教学的互动性，高校可以采用实时互动和反馈的方式进行教学，确保学生在数字化学习中及时获得指导和改进。例如，在视频教学过程中，学生可以通过在线平台向教师提问，教师可进行实时答疑。此外，平台还可以设置即时反馈功能，教师根据学生在虚拟环境中的表现，及时给予反馈并指导学生修正错误,帮助学生更好地理解和掌握技能。

另外,通过数据分析,平台能跟踪学生的学习进度和习惯,根据学生的学习状态调整教学内容和方法,确保学生始终保持高效学习状态。这种即时互动和个性化反馈的方式大大增强了数字化教学的互动性,也提高了教学的实效性。

通过多平台互动式学习策略,高校能为学生提供更加灵活、丰富的学习体验,激发学生对民族传统体育项目的兴趣和参与度。结合线上与线下教学,利用虚拟实践和互动式学习,不仅能提升学生的技能水平,还能增强他们的文化认同感和自信心。同时,数字平台还能促进学生之间的互动和合作,增强集体学习的氛围,提升学习效果。高校通过创新的数字化教学策略,可以推动传统体育文化的传播与传承,实现文化教育的全面提升。

二、引入专家与文化传承人,应对师资力量不足

在民族传统体育文化的数字化传承过程中,专家和文化传承人的参与发挥着至关重要的作用。数字化技术随着已成为传承民族文化的重要途径之一,而传统体育文化作为其中的核心组成部分,尤其需要保证其独特性和文化深度。高校作为知识传承与创新的前沿阵地,应该充分利用专家与文化传承人的经验和智慧,为民族传统体育文化的数字化工作提供专业支持与指导。

首先,邀请传统体育项目的专家和文化学者参与数字化资源的制作,是确保文化内容准确性和学术深度的重要保障。专家对传统体育项目的起源、发展与演变拥有扎实深入的背景知识,并且能对其中的技艺、理念和文化内涵进行系统的深度挖掘和阐释。例如,专家可以对传统武术的哲学思想,如"气韵生动"和"天人合一"进行详细讲解,为学习者提供文化背后的理论框架。这不仅有助于保护和传承文化,还能确保其教育性和学术性。在数字化过程中,专家的参与可以避免对传统内容的误解、简化或失真,确保文化传承在数字化环境下依旧保有其真实、全面的特质。

专家的专业知识不仅能为数字化资源提供坚实的文化基础,也能为课程内容提供新的学术视角。在数字化传承过程中,如何融合现代教育理念与传统体育文化是一个关键问题,专家的参与可以帮助课程设计人员在教学内容和形式上进行有益的融合,推动民族传统体育项目更加贴合现代学习者的需求。专家的学术支持与深度挖掘可以使学生在学习过程中更加全面

地理解这些传统体育项目的内涵，激发他们的文化兴趣和探索精神。

其次，文化传承人的参与同样至关重要。作为传统技艺的守护者，传承人不仅拥有深厚的文化知识和丰富的实践经验，还能将实际操作和民间故事融入到数字化资源中，体现传统文化的生活化和真实感。文化传承人往往有独到的艺术眼光和生动的叙述方式，可以将传统体育项目中的技巧和文化故事通过数字化手段呈现出来，使其不仅停留在抽象的理论层面，而是通过鲜活的民间技艺和文化情境得以展现。借助数字化平台，传承人可以以视频、现场示范等方式，展示传统体育项目的具体操作，并传递与之相关的文化价值观和民俗习惯。通过这样的互动，学生和学习者能更深刻地理解和感受文化的底蕴，增强对传统体育文化的认知和情感联系。

文化传承人不仅仅是传统技巧的展示者，更是文化的讲述者和传递者。通过他们的生动叙述，学习者不仅能看到技艺的精湛表现，还能明白项目背后的历史故事和文化含义。这种生动的文化传递能让学生从中汲取更深层次的思想与精神，不仅学习技能，更能对传统体育项目所承载的民族精神和价值观产生认同。尤其是在数字化平台上，传承人可以通过互动视频、虚拟示范等方式，拉近与学生的距离，增加课堂的生动性和趣味性。

此外，专家与文化传承人的紧密合作能有效提高教学内容的生动性和实用性。数字化传承的目标不仅是保存和传播文化，更要使学习者能够理解、学习并积极参与其中。专家的学术指导与传承人的实际经验相结合，能设计出既富有学术性又具实践意义的课程内容。这些课程不仅能增加学习者对传统体育项目的兴趣，还能通过互动式学习和模拟实践，让学生更好地掌握技能。举例来说，在传统武术教学中，专家可以讲解武术的文化价值与哲学思想，而传承人则能展示实战技艺与心法的具体操作，使学习者在体验中感受传统体育项目的独特魅力。

通过数字化平台，学习者可以随时随地接受专家和传承人提供的高质量教育资源，不受地域和时间的限制。这种教育方式更加灵活和高效。无论是通过视频教学、在线互动还是虚拟演示，学生们都能在理论与实践的结合中深入了解民族传统体育文化，学习并掌握其核心技巧，增强文化认同感与自信心。

综上所述，专家与文化传承人的参与是民族传统体育文化数字化传承中的关键环节。通过他们的专业指导和实际经验，数字化教育资源不仅能保持文化的准确性和深度，还能在教学内容的呈现上更加生动和富有实践意义。这种结合专业学术知识与民间技艺传承的方式，将推动民族传统体育文化在新时代的传承与创新，确保其在全球范围内得到有效传播和发扬光大。

三、转变教育模式，提升学生兴趣与参与度

在当今的教育环境中，传统体育项目的教学面临着一系列的挑战，尤其是在学生兴趣和参与度的提升上。为了解决这一问题，转变教育模式，创新教学方法至关重要。通过引入互动性、游戏化设计、数字化工具和多元化的学习方式，不仅可以有效激发学生的学习热情，还能增强他们对民族传统体育项目的兴趣和认同感。

（一）提升课程的互动性与游戏化

互动性和游戏化设计是提升学生参与度的关键手段，尤其是在传统体育项目的教学中。相比于传统的单一技能训练模式，游戏化设计能有效改变学习方式，使课堂变得更加生动、有趣、富有挑战性，同时也能增强学生对民族传统体育项目的兴趣与认同感。通过精心设置任务、挑战和奖励机制，游戏化教学不仅让学生在娱乐中提高技能水平，还通过互动性加深他们对项目本身的理解与文化内涵的认同。

例如，在武术教学中，可以通过设计虚拟对战系统，让学生在模拟的实战环境中进行练习。这样不仅能提高他们的技能水平，还能让学生在游戏情境中感受传统武术的精神内涵和文化价值。在虚拟对战系统中，学生不仅是单纯的技能学习者，还能化身为武术文化的传承者和实践者，体验到武术中的传统哲学思想，如"天人合一"的道理。通过这种游戏化的互动，学生能更深刻地感受到武术不仅是力量和技巧的较量，更是身体与精神的修炼。

游戏化教学不仅提升了技能学习的趣味性，也大大降低了传统体育项目学习的技术门槛。对于许多技术要求较高的传统体育项目，学生往往因学习过程的难度较大而感到气馁，进而失去学习兴趣。游戏化设计则通过设置阶段性任务和成就系统，让学生逐步掌握技能，感受到成长和进步。例如，传统的武术训练涉及复杂的招式和动作，学生在没有即时反馈的情况下可能会感到沮丧，但如果通过游戏化设计，在每完成一个小任务后给予奖励或反馈，学生的自信心和动力便会大大增强。通过这种方式，学生能在轻松愉快的环境中掌握基础动作，进而逐步克服学习过程中的困难。

此外，现代科技手段如 VR 和 AR 技术的引入，更拓宽了游戏化教学的边界。通过 VR 技术，学生可以在虚拟环境中体验到真实的传统体育项目动

作,如练习武术招式时,可以模拟与虚拟对手的对抗,感受到更为真实的场景和挑战。而 AR 技术可以将虚拟元素与现实场景结合,让学生在现实的运动场地中感受传统体育项目的氛围。例如,在摔跤训练中,AR 技术可以通过增强视觉效果,帮助学生理解摔跤中的力学原理和动作要领,进而改善训练效果。通过这些现代科技手段,学生不再受限于传统教学中的设备与空间限制,能在虚拟场景中自由练习,快速掌握技能,避免因设备短缺或技术难度产生的挫败感。

这种互动式的学习方式不仅能提高学生的体验感和参与感,还能通过即时反馈系统帮助学生及时了解自己的学习进展。比如,在游戏化系统中,学生每完成一个动作或任务,系统都会给出即时的反馈和评估,不仅指出其不足之处,还提供改进的建议。这种反馈机制能帮助学生不断调整自己的学习策略,迅速看到自己的进步,极大地提升他们的学习兴趣和动力。通过这样的互动式学习,学生不再只是机械地模仿教师的动作,而是通过与虚拟系统的互动,深入理解每个动作的要领与背后的文化精神。

总之,游戏化和互动性教学不仅能为传统体育项目的学习增添趣味和活力,还能通过现代科技手段和创新的教学设计,帮助学生克服学习过程中遇到困难和挫败感,提升他们的参与度和学习效果。这种转变不仅提高了学生的学习动力,也让传统体育项目的教学在现代教育体系中焕发出新的生命力,成为学生身心健康和文化认同的重要组成部分。

(二)多元化的学习模式,为学生提供灵活、个性化的学习路径

在传统体育项目的教学中,多元化的学习模式已经成为提升学生兴趣和参与度的重要策略。传统的教学模式通常依赖面对面的课堂学习和实地训练,局限性较大,尤其在教学内容复杂、技巧要求较高的传统体育项目中,学生常常无法充分理解和掌握。因此,引入多元化的学习模式,尤其是利用在线学习平台和多媒体展示,可以打破时间和空间的限制,极大地提升学生的学习体验和自主性。

通过在线学习平台和互动式教学软件,学生可以随时随地观看并学习传统体育项目的相关知识。这种学习方式不仅突破了传统课堂的局限,也为学生提供了更加灵活和个性化的学习路径。例如,学生可以根据自己的兴趣和学习进度,选择适合自己的课程内容。对于有一定基础的学生,可以选择进阶的内容进行深入学习;对于初学者,可以从基础动作和技能开始,逐步积累经验。这种个性化的学习方式,不仅提高了学生的自主学习能力,还增

强了他们对传统体育项目的兴趣和参与感。

在线平台还能提供多样化的学习资源,包括视频课程、教程、实操演示等,学生可以根据自己的需求自由选择。除了课堂教学外,学生可以利用碎片化时间观看视频讲解、学习理论知识,或通过课后作业和模拟测试进一步巩固所学内容。这种灵活的学习路径使得学生可以根据自己的节奏进行学习,而不必受限于固定的上课时间和地点。尤其对于那些课外时间较为紧张的学生来说,在线学习平台为他们提供了更大的便利,帮助他们更好地平衡学业和兴趣爱好。

此外,多媒体和数字化工具的应用,使传统体育项目的教学变得更加生动和直观。通过动画、虚拟教学、VR 和 AR 等现代科技手段,学生能更直观地理解复杂的动作技巧和文化背景。以摔跤为例,传统摔跤技巧往往需要较强的身体素质和协调能力,初学者在理解这些技术动作时可能会感到困惑。通过三维动画,学生可以看到摔跤动作的每一个细节,了解动作的执行顺序和关键要领。通过虚拟教学软件,学生还可以与虚拟对手进行对抗,体验动作的实际应用。这种视觉化、交互式的学习方式,帮助学生将理论和实践更好地结合,提升他们的理解能力和实践能力。

在学习传统武术时,数字化工具同样发挥了巨大的作用。通过 3D 建模技术,学生可以在虚拟环境中观看武术招式的详细分解,学习每个动作的技巧与步伐。此外,VR 技术让学生能够身临其境地进行训练,例如,通过 VR 头盔模拟在武术比拼中与对手的对抗,不仅能体验到真实的动作感受,还能帮助他们提高反应速度和协调性。这种沉浸式的学习体验,让学生更深刻地感受到传统体育项目的魅力和文化价值,同时增强他们的实践信心。

结合数字化学习工具的互动性,学生不仅仅是被动地接受知识,而是能通过实际操作、即时反馈和模拟练习不断提升自己。许多在线学习平台都提供了即时反馈功能,学生在完成练习后,可以立即知道自己在哪些方面做得好,哪些地方需要改进。这种反馈机制促进了学生的积极性,使他们更加主动地投入学习中,逐步提高技能水平。

总的来说,多元化的学习模式为传统体育项目的教学带来了新的机遇。通过在线学习平台和多媒体工具,学生能随时随地根据自己的兴趣和进度进行学习,使学习过程更加灵活和个性化。而数字化工具的引入则让学生能更加生动、直观地理解动作技巧和文化背景,极大地提升了学生的学习体验。随着技术的不断进步,未来的传统体育项目教学将会更加丰富多彩,培养出更多具备技能和文化素养的学生。

(三) 通过数字化手段增强学生文化认同感

学生对民族传统体育项目的兴趣和热情,往往不仅源于对技能的掌握和提高,更重要的是要从文化认同的角度去理解这些项目。民族传统体育项目承载着丰富的文化内涵,它们不仅是身体技巧的比拼,更是精神、历史和文化的传承。传统体育项目中的每一招每一式,都蕴含着深厚的历史背景和民族精神。为了更好地让学生理解这些体育项目的深层价值,数字化手段提供了一种全新的方式来讲述这些文化故事,让学生从更广阔的视角去欣赏和认同民族传统体育。

数字化手段如纪录片、虚拟展示、文化讲解等,能生动而直观地呈现传统体育项目背后的历史背景、民族精神和哲学思想。这种方式不仅能为学生提供视觉和听觉上的冲击,更能深入挖掘这些传统体育项目的文化内涵。例如,在教授舞龙舞狮等传统项目时,加入关于这些项目的文化背景介绍,可以帮助学生了解它们在节庆中的重要地位、象征意义以及它们所代表的文化精神。通过观看纪录片或多媒体演示,学生能看到这些项目如何在传统节日中扮演承载民族文化的角色,这种方式能激发学生对民族传统文化的兴趣和认同,进而增加他们参与传统体育项目的动力。

此外,VR 技术和互动平台的运用,使学生能身临其境地感受传统体育项目的历史和文化。通过虚拟现实技术,学生不仅可以学习和实践这些传统体育项目的技术动作,还可以深入了解这些项目的文化起源、演变以及它们在不同历史阶段的文化意义。例如,通过虚拟场景的呈现,学生可以"穿越"到古代,看到传统武术的诞生和发展过程,了解其如何在不同历史时期体现民族的智慧和哲学思想。虚拟现实技术让学生在沉浸式的环境中,体验到项目背后蕴含的文化价值与精神内涵,帮助他们更好地理解为什么这些项目会成为民族文化的重要组成部分。

通过这种文化体验,学生不仅仅是学习技术的操作,更是通过感官上的亲身体验和文化的深度理解,在心灵深处与传统文化产生共鸣。这种深度的文化认同感能够激发学生持续学习的兴趣和动力,使他们不仅在技能上取得进步,更在文化层面上对传统体育项目产生更深的认同和归属感。例如,在学习传统武术时,学生通过虚拟平台感受到"天人合一"的思想,体会到武术不仅是力量的对抗,也是身心修炼的一种方式;通过舞龙舞狮的文化展示,学生可以感知到这些项目在团体协作、节庆庆典中的重要性,从而产生参与这些项目的情感共鸣。

互动式平台的引入，使学生可以在学习传统体育项目的过程中，主动探索和深入理解文化背景。通过平台上的互动功能，学生不仅可以提出问题，还能与来自不同地方的同学进行文化交流，分享自己对传统体育项目的理解与感受。这种互动交流进一步加强了学生对项目背后文化的认同，也增强了他们的文化自信心，使他们更愿意积极参与到传统体育项目的学习和传播中。

总之，通过数字化技术，传统体育项目不仅仅是技能的展示平台，更成为文化传递和精神塑造的重要载体。数字化手段为学生提供了更为生动、直观的文化体验，帮助他们深入理解项目的文化底蕴，从而增强了他们的文化认同感和对民族传统体育项目的持续兴趣。通过这种方式，学生不仅能掌握技术，而且在文化和精神层面上与民族传统体育项目建立起深厚的联系，进而促进传统体育项目在现代社会中的传承和发展。

四、构建民族传统体育文化的数字传承空间

随着数字技术的迅猛发展，文化传承的方式也发生了巨大的变革，特别是在民族传统体育文化的传承方面，数字化手段为其提供了新的契机。构建一个数字传承空间，不仅能有效保护和传承民族传统体育文化，还能帮助其在现代社会中焕发出新的生命力。数字传承空间不仅仅是一个技术平台，更是一个文化交流和学习的场域，它通过信息化、数字化手段，让传统体育项目的文化价值能跨越时间与地域的限制，触及更多的人群，特别是年轻一代，从而推动民族传统体育文化的持续发展与传播。

（一）数字化平台的建设与功能定位

构建民族传统体育文化的数字传承空间，首先需要搭建一个集多功能于一体的数字化平台。这个平台不仅需要具备传统体育项目的基础知识、技能教学和文化背景的展示功能，还应提供互动交流和反馈机制，以增强用户的参与感和体验感。通过数字化平台，学生和文化爱好者可以随时随地地获取传统体育项目的相关资源，包括教学视频、文化故事、历史文献等内容。

1. 教育功能

通过在线视频课程、虚拟实训、互动式教学模块等形式，学生可以在平台上进行传统体育项目的技能学习，了解相关的历史背景和文化内涵。通过

VR、AR等技术，平台可以提供沉浸式的学习体验，让学生不仅学习动作技巧，还能感知项目背后的文化价值。

2. 资源库功能

平台应建立全面的传统体育项目资源库，囊括从古代到现代的各类文献、纪录片、经典案例等，向用户展示传统体育项目的文化传承与演变过程。通过数字化方式保存珍贵的历史资料，可以避免传统文化资源的流失和遗忘。

3. 互动交流功能

为了增强平台的互动性，用户可以通过在线讨论区、专家讲座、虚拟课堂等形式与他人进行交流和互动。通过这种互动平台，学生不仅能提高自己对传统体育的理解，还能形成跨地域的文化共鸣，增强民族文化认同感。

4. 创作与分享功能

平台还应支持学生和用户的创作和分享功能，鼓励用户上传自己的学习成果、实践体验和创意内容。这不仅能丰富平台的内容，也能激发更多人对民族传统体育文化的关注和参与。

（二）数字展示与文化传播

数字化技术，尤其是VR、增AR、三维建模、360度视频等技术，为民族传统体育文化的展示提供了更多可能。通过这些数字化手段，传统体育项目的教学和文化传播不再仅仅局限于实体课堂和单一的展览空间，而是能通过虚拟展示、交互式学习等形式让人们身临其境。

例如，利用虚拟现实技术，学生可以体验武术的传统套路，感受不同历史时期的武术风格和演变过程。通过模拟的虚拟环境，学生可以与虚拟的对手进行对抗，实践并学习传统体育项目中的技巧和精神。在舞龙舞狮的文化展示中，通过三维建模和动画技术，平台能生动呈现这些项目的历史背景、节庆活动和文化象征，使学生能在互动中更深刻地理解其文化价值。

另外，数字平台还可以利用360度视频技术，展示不同民族的传统体育项目和其文化场景，让学生在屏幕前就能感受身临其境的体验。这种视觉冲击力和沉浸感能帮助学生深刻理解每一项体育项目背后所承载的民族精神、哲学思想及其文化内涵。

（三）跨文化传播与全球化传播

数字化平台不仅能在国内进行广泛传播，还能通过互联网打破国界，实现跨文化、跨地域的传播。通过构建数字化平台，民族传统体育文化能进入全球化的文化交流圈,吸引国际社会对中国乃至各民族传统体育项目的关注与兴趣。通过外语翻译、字幕设计、多语言教学等手段,数字平台能将这些文化内容传播到世界各地,让更多的外国朋友了解并学习中国的传民族统体育项目。

同时,数字平台的线上活动和国际合作,可以邀请外国学者、体育专家和文化传承人参与互动讲座、线上讨论、项目交流等,推动民族传统体育文化的跨国交流与学习。这种全球化的传播模式不仅能扩展传统体育项目的国际影响力,还能为世界各国人民提供了解、学习和体验不同文化的机会,推动文化的多样性与和谐共存。

（四）数据驱动的传统体育文化研究与创新

随着数字化平台的发展,传统体育文化的研究和创新也能通过大数据和 AI 技术得到进一步推动。通过平台收集的用户数据,学者可以分析不同用户群体对民族传统体育项目的兴趣点、学习进展和文化认同感,进而优化教学内容和方式。AI 技术可以实现定制化的学习路径,根据学生的学习能力和兴趣推荐合适的课程内容,提升个性化学习的效果。

此外,数字化技术还能帮助我们深入挖掘传统体育项目中的创新元素,将现代科技与传统文化结合,推动传统体育项目在现代社会中的创新与发展。例如,武术教学与运动生物力学、物理学等学科的结合,可以研发出更加科学、有效的训练方法,推动传统体育项目的现代化发展。

构建民族传统体育文化的数字传承空间,不仅是现代社会中文化传承的必要选择,也是民族文化创新发展的重要途径。通过数字化平台的构建,传统体育文化能跨越时空的限制,走向更广泛的受众,特别是年轻一代。数字化手段的运用使民族传统体育文化在传承过程中更加生动、互动和多元化,同时也促进了文化的跨文化传播与创新发展。在数字技术的助力下,民族传统体育项目将焕发出新的生命力,在全球范围内得到更为广泛的传播与弘扬。

五、积极获取政策支持,实现民族体育传承资金保障

民族传统体育文化是中华民族独特的文化瑰宝,承载着丰富的历史记忆和深厚的文化底蕴。随着时代的发展,民族传统体育不仅是健身强体的手段,更是传承和弘扬民族文化的重要途径。然而,受现代化进程和生活方式变化的影响,许多民族传统体育项目面临着逐渐消失的风险。因此,积极获

取政策支持和资金保障,成为确保民族体育文化得以传承和发展的关键。

政策支持是民族传统体育传承的基础保障。近年来,国家和地方政府对民族传统体育文化的重视不断提升,出台了多项促进民族文化保护和发展的政策措施。例如《中华人民共和国非物质文化遗产法》和《"十三五"促进民族地区发展规划》等文件明确提出,要加强民族传统体育的保护与传承。这些政策为民族体育文化的持续发展提供了制度框架和理论支持。然而,要实现民族体育的真正传承,不仅仅依赖政策的引导,还需要实际的资金支持。

资金保障是民族传统体育文化传承的"生命线"。尽管政策提供了发展方向,但如果没有充足的资金支持,很多民族传统体育活动的开展和项目的传承将难以为继。尤其在一些经济欠发达的民族地区,资金短缺是制约传统体育传承的主要问题。因此,政府应设立专项资金,用于民族传统体育的保护、培训和活动开展。此外,鼓励社会资本的参与,吸引企业和个人的捐助,也是推动民族体育传承的重要途径。政府引导、社会参与和市场运作的多方协作,可以形成资金支持的良性循环。

在资金保障的具体运作中,应重点关注以下几个方面:

(1)文化传承和人才培养。资金应优先用于传统体育的传承和人才的培养。通过设立民族体育传承基金,支持各类民族体育学校、培训班、传承项目的开展,培养一批具备专业技能和文化认同的传承人。同时,支持对非物质文化遗产的保护和研究,推动民族传统体育的学术研究与实践结合。

(2)传统体育赛事和活动的组织。组织和举办各类民族传统体育赛事和活动,是传播和推广民族体育文化的重要方式。资金支持应向基层体育组织倾斜,帮助他们开展各种形式的民族传统体育比赛,提升受众的参与感和认同感,增强传统体育的生命力和影响力。

(3)基础设施建设和推广。在一些民族地区,体育基础设施较为薄弱,影响了传统体育的普及。政府应加大对民族体育场馆、设施建设的投资,提供完善的硬件支持。此外,资金还可以用于宣传推广,增强民族传统体育的社会影响力和参与度,吸引更多年轻人加入传统体育的学习和实践中。

(4)地方特色项目的扶持。每个民族的传统体育项目都有其独特性,资金支持应关注地方特色的传承。例如,支持藏族的岭卓、蒙古族的摔跤、苗族的爬坡杆等具有地方特色的体育项目,让这些民族的传统体育文化得以多样化发展。

总之，积极获取政策支持和资金保障，是确保民族传统体育文化得以传承和发展的关键路径。只有通过政府、社会和市场三方力量的共同努力，才能为民族传统体育提供源源不断的活力与动力，实现民族体育文化的持续传承与创新。通过充分的政策保障和资金投入，我们能更好地保护民族文化的多样性，并为中华民族的文化自信增添新的力量。

参考文献

[1] 符传铭,赵倩倩. 民族传统体育发展与传播[M]. 长春:吉林人民出版社,2021.

[2] 黄芸. 传统体育的传承与发展研究[M]. 北京:中国纺织出版社,2023.

[3] 宿继光. 传统体育健身[M]. 天津:天津科学技术出版社,2020.

[4] 陆盛华. 传统体育文化发展研究[M]. 北京:华文出版社,2021.

[5] 余贞凯,赵艳艳. 云南多民族聚居区特色村寨传统体育的社会功能与实现路径研究[M]. 昆明:云南大学出版社,2022.

[6] 高文峰,刘克全. 中国民族传统体育游戏[M]. 兰州:兰州大学出版社,2018.

[7] 黄清林. 云南民族艺术与体育舞蹈的创新性融合[M]. 昆明:云南大学出版社,2023.

[8] 张选惠,李传国,文善恬. 民族传统体育概论[M]. 成都:电子科技大学出版社,2013.

[9] 陈秋丽. 中国民族传统体育文化资源和产业发展研究[M]. 西安:陕西人民出版社,2019.

[10] 芦平生,杨兰生. 民族传统体育研究[M]. 兰州:甘肃教育出版社,2002.

[11] 李开文. 云南少数民族节日体育传承与发展研究[M]. 昆明:云南大学出版社,2022.

[12] 陶坤. 武陵山区民族民俗传统体育教程[M]. 长沙:湖南人民出版社,2017.

[13] 苏航. 民族传统体育文化传承创新研究[M]. 南昌:江西科学技术出版

社，2017.

[14] 刘启坤. 少数民族传统体育理论与技能[M]. 昆明：云南大学出版社，2015.

[15] 那春艳，谷金波. 乌江流域少数民族传统体育研究[M]. 成都：电子科技大学出版社，2014.

[17] 郑一凡. 贵州山地民族传统马术的抢救性调查、整理与研究[M]. 昆明：云南大学出版社，2021.

[18] 刘强. 内蒙古体育教育发展研究[M]. 赤峰：内蒙古科学技术出版社，2023.

[19] 施兰平. 浙江省世居少数民族传统体育口述史研究[M]. 杭州：浙江工商大学出版社，2016.

[20] 谢智学. 甘肃少数民族传统体育概要[M]. 兰州：甘肃人民出版社，2010.

[21] 赵静冬，殷俊，陈宇红. 中国少数民族传统体育研究[M]. 昆明：云南民族出版社，2001.

[22] 张帆，余贞凯. 花腰傣传统体育文化调查研究[M]. 昆明：云南大学出版社，2018.

[23] 朱国权. 彝族传统体育文化[M]. 昆明：云南大学出版社，2013.

[24] 沈竹雅. 大学生体育运动与体育文化研究[M]. 长春：吉林出版集团股份有限公司，2020.

[25] 白真. 社会转型期我国传统体育文化的价值体系与实现路径研究[M]. 上海：上海交通大学出版社，2021.

[26] 陈伟，刘青，王纯. 民族体育创新发展研究[M]. 西安：西安电子科技大学出版社，2017.

[27] 孟峰年. 民族体育之光[M]. 兰州：甘肃科学技术出版社，2007.

[28] 林小美. 吴越文化与民族体育文化融合研究[M]. 杭州：浙江大学出版社，2017.

[29] 黄益苏，史绍蓉. 中国传统体育[M]. 长沙：中南工业大学出版社，2000.

[30] 李全德，赵福祥. 云南少数民族传统体育旅游资源研究[M]. 昆明：云南大学出版社，2009.

[31] 黄中伟，袁超，何福洋. 高校体育文化理论与实践研究[M]. 长春：吉林出版集团股份有限公司，2022.

[32] 赵一刚. 高校校园体育文化建设与探究[M]. 北京：中国原子能出版社，2022.

[33] 卢兵，华志，等. 民族地区农村体育制度研究[M]. 广州：世界图书出版广东有限公司，2013.

[34] 李兴昌. 体育运动科学理论探索[M]. 长春：吉林美术出版社，2020.

[35] 周冰. 多元视域下的体育文化发展研究[M]. 长春：吉林大学出版社，2021.